C.H.BECK WISSEN

in der Beck'schen Reihe

Die Idee des gewaltlosen Widerstands ist seit dem indischen Unabhängigkeitskampf fest mit dem Namen Gandhi verbunden. Durch seine gewaltfreien Aktionen gegen die britische Herrschaft erwarb sich Mahatma Gandhi weit über Indien hinaus bis heute Glaubwürdigkeit und Autorität. Dietmar Rothermund schildert das Leben Gandhis von seiner Kindheit und Jugend in einer indischen Kleinstadt über sein Jurastudium in London, die prägenden zweiundzwanzig Jahre als Anwalt in Südafrika und seinen Einsatz im indischen Freiheitskampf bis zu seiner tragischen Ermordung kurz nach der Erlangung der indischen Unabhängigkeit. Wenn Gandhi gefragt wurde, was er der Welt mitzuteilen habe, sagte er, sein Leben sei seine Botschaft. Diese kurze Biographie will zum Verständnis dieser Botschaft beitragen.

Dietmar Rothermund, geboren 1933, ist Professor em. für die Geschichte Südasiens am Südasien-Institut der Universität Heidelberg, das er viele Jahre leitete. Er ist Fellow of the Royal Historical Society, London, und Vorsitzender der European Association of South Asian Studies. Zahlreiche, in viele Sprachen übersetzte Veröffentlichungen haben ihn international bekannt gemacht. Bei C. H. Beck hat er das Handbuch «Indien. Kultur, Geschichte, Politik, Wirtschaft, Umwelt» (1995) herausgegeben. Zuletzt erschienen «Geschichte Indiens» (2002) sowie «Krisenherd Kaschmir» (2002).

Dietmar Rothermund

MAHATMA GANDHI

Verlag C. H. Beck

Mit 5 Abbildungen (© Associated Press, AP) und 1 Karte

Originalausgabe

Gesamtherstellung: Druckerei C. H. Beck, Nördlingen
Umschlagbild: © dpa-Bildarchiv
Umschlagentwurf: Uwe Göbel, München
Printed in Germany
ISBN 3 406 48022 5

www.beck.de

Inhalt

Hinweise für den Leser

Die Schreibweise der indischen Wörter richtet sich nach der gegenwärtig in Indien gültigen Umschrift in englischer Sprache (z. B. Panjab) und nicht nach der älteren englischen Umschrift (Punjab), bei der das «u» das kurze «a» bezeichnete (in Analogie zum englischen Wort «but»). Die englische Schreibweise indischer Städtenamen ist in jüngster Zeit korrigiert worden. Statt der älteren englischen Bezeichnungen, die auf Hörfehlern und Vereinfachungen beruhten, wurde hier die korrigierte Schreibweise übernommen, d. h. Mumbai statt Bombay, Varanasi statt Benares usw. Im Register wurde jeweils die alte Schreibweise in Klammern hinzugefügt.

I. Gandhi: «Die Wahrheit transzendiert die Geschichte»

Im Gefängnis wurde Gandhi ein eifriger Leser. Im Jahre 1922 widmete er vier Monate dem indischen Nationalepos *Mahabharata*. Er gestand ein, dass er es bisher gemieden hatte, weil er es für eine Hymne auf Krieg und Gewalt hielt. Erst jetzt verstand er seine tiefere Bedeutung. Er las damals auch bedeutende Werke der europäischen Geschichtsschreibung. Aber der Autor des *Mahabharata* stand ihm näher als die europäischen Historiker. Er schrieb darüber in seiner Zeitschrift *Young India*:

«Ich glaube an das Sprichwort, dass die Nation die glücklichste ist, die keine Geschichte hat. Es ist meine Lieblingstheorie, dass unsere Hindu-Ahnen das Problem für uns dadurch gelöst haben, dass sie die Geschichte, so wie sie heute verstanden wird, ignoriert haben, indem sie auf einem Fundament unbeträchtlicher Ereignisse das Gebäude ihrer Philosophie errichteten. Das gilt für das Mahabharata ..., sein unsterblicher, aber unbekannter Autor blendet gerade genug Übernatürliches in seine Erzählung ein, um dich zu warnen, dass du ihn nicht etwa buchstäblich beim Wort nimmst. (Die europäischen Historiker) bemühen sich unnötig darum, dir zu sagen, dass sie nur Tatsachen und nichts als die Tatsachen berichten ... Namen und Formen sind unwesentlich, sie kommen und gehen. Das, was dauerhaft und daher notwendig ist, entgeht dem Historiker, der nur Ereignisse schildert. Die Wahrheit transzendiert die Geschichte.»

Gandhis Behauptung, dass die Wahrheit die Geschichte transzendiere, hat eine tiefere Bedeutung als die, die sie in diesem Bericht über seine Lektüre zu haben scheint. Die Suche nach der Wahrheit stand im Mittelpunkt von Gandhis Leben, aber dies war nicht die Wahrheit, die sich mit den Methoden kritischer Gelehrsamkeit ergründen lässt. Für ihn musste sich die Wahrheit in wohlbedachter Aktion, die durch ein Gelübde unterstützt wurde, bewähren. Er sagte: «Die Wahrheit ist der Inbegriff des Gelübdes.» Damit knüpfte er an die alte indische Vorstellung vom *satyakriya* (wahrmachen) an, doch er verwendete dieses alte Wort nicht, weil er es vermutlich nicht kannte. Das Prinzip des Wahrmachens war ihm aber vertraut, weil er die indische Tradition bereits von früher Jugend an in sich aufgenommen hatte. Hätte er das Wort gekannt, so hätte er es vielleicht statt des Neuwortes *satyagraha* (Festhalten an der Wahrheit) verwendet, das er selbst prägte. In alten indischen Texten bezieht sich *satyakriya* auf eine Art Gottesurteil, wobei der Betreffende einen Eid auf ein Geheimnis schwört, das nur ihm selbst bekannt ist. Die Wahrheit, die hier gemeint ist, bewährt sich also gerade nicht dadurch, das andere sie bestätigen können, sondern dadurch, dass Gott sie kennt. Der vedische Gott Varuna bestrafte unerbittlich jeden, der einen Meineid leistete. Dieser Strafe setzte man sich also beim *satyakriya* bewusst aus.

Gandhi war nicht an der Geschichte als solcher interessiert und betonte, dass er sich nicht durch sie geprägt fühlte. Wenn die Wahrheit die Geschichte transzendierte, dann bot sie einen archimedischen Punkt außerhalb der Geschichte, von dem aus man auf den Gang der Ereignisse Einfluss nehmen konnte. Sie war wie der Polarstern, den man im Auge behielt, wenn man nachts auf stürmischer See unterwegs war. Das nautische Instrument, das einem half, den rechten Kurs zu halten, war das Gelübde. Dieser Zugang zur Wahrheit war ein individueller; wenn Gandhi Massenkampagnen plante, so konnte er sie nur als Summe individueller Entscheidungen konzipieren. Er war grundsätzlich gegen alle Theorien, die das menschliche Schicksal als Produkt kollektiver Kräfte deuten. Der historische Materialismus war ihm ebenso fremd wie die «unsichtbare Hand», die nach wirtschaftsliberaler Auffassung die Kräfte des Marktes lenkt. Jene, die an solche Theorien glauben, haben zwei Optionen, sie können entweder im Vertrauen darauf handeln, dass die Geschichte auf ihrer Seite ist, oder aber abwarten, bis die Geschichte sich auch ohne ihr Zutun bewegt. Beide Optionen waren für Gandhi irrelevant, denn er glaubte an die bewusste individuelle Handlung, für die man bereit war, die persönliche Verantwortung zu übernehmen. Paradoxerweise ermöglichte es Gandhi gerade die Gleichgültigkeit gegenüber der Geschichte, selbst «Geschichte zu machen». Das bedeutete freilich auch eine Unbeugsamkeit, die viele, die es mit ihm zu tun hatten, schwer ertragen konnten und die solche, die seine Handlungen im Nachhinein zu interpretieren versuchten, verwirrte, weil sie sich dabei auf Theorien bezogen, die ihn nicht betrafen. Wer ihn als Verräter der Revolution sah, als Vertreter bestimmter Interessen einstufte oder als einen Mann betrachtete, der vorgab, gegen den Imperialismus zu kämpfen, und doch dazu beitrug, seine Herrschaft zu verlängern, der interpretierte Gandhi nicht nach dessen eigenen Maßstäben, sondern zwang ihn in das Prokrustesbett ideologischer Vorurteile.

Aber bei aller Unbeugsamkeit und Gesinnungsethik vergaß Gandhi niemals seine Umgebung. Er wollte Menschen beeinflussen, daher musste er versuchen, sie zu verstehen. Er wirkte in einem politischen Umfeld und musste es beachten. Er tat all dies, aber nicht so wie ein politischer Theoretiker, sondern als unermüdlicher Beobachter. Er hielt Verbindung zu unzähligen Menschen und zeigte persönliche Anteilnahme an ihren Sorgen und Nöten. So sammelte er unwillkürlich viele Informationen und testete die Wirkungen seiner Aktionen. Oft kamen ihm Kontakte, die er ohne jede eigennützige Absicht hergestellt hatte, später zugute und halfen ihm auf überraschende Weise.

Solche Kontakte und Begegnungen gehörten zu dem verwirrenden Wechselspiel zufälliger Ereignisse, aus dem die Geschichte besteht. Aber Gandhi hatte eine geradezu magnetische Wirkung auf dieses Feld der Ereignisse. Er gab dem Fluss der Ereignisse eine Richtung. Selbst ein Hellseher ist nicht unfehlbar und kann im täglichen Leben Fehler machen. So machte auch Gandhi, der auf die Wahrheit baute, Fehler – sogar solche «von der Größe des Himalaya», wie er selbst eingestand. Politiker gestehen meist keine Fehler ein, sondern versuchen, sie zu vergessen, und hoffen, dass andere es auch tun. Für solche Politiker waren Gandhis Geständnisse peinlich. Der Biograph ist freilich für solche Selbstkritik dankbar, sie erleichtert seine Arbeit. Doch darf er sich nicht darauf verlassen. Gandhi machte nämlich auch Fehler, die er nicht als solche bemerkte und eingestand. Ein solcher Fehler war sein Entschluss, sich der Khilafat-Bewegung zu widmen, obwohl er kaum etwas über sie wusste. Ein anderer Fehler war es, dass er seinen Gegenspieler Jinnah immer wieder unterschätzte und ihn dadurch dazu zwang, Dinge zu tun, die Jinnah von sich aus nicht getan hätte. Man könnte auch rügen, dass Gandhi in den letzten Jahrzehnten seines Lebens wenig Zeit darauf verwandte, Satyagrahis zu trainieren, und stattdessen auf die Wirkung seines spektakulären Fastens vertraute, das nur vorübergehend Erfolg hatte, aber seine Gefolgsleute zu Zuschauern degradierte und sie nicht auf eigenständige politische Leistungen vorbereitete.

Gandhi sagte: «Mein Leben ist meine Botschaft.» Dieser Hinweis sollte jeden dazu bewegen, sein Leben zu studieren, aber nicht nur seine Höhepunkte. Gandhis Größe kann man nur dann richtig einschätzen, wenn man ihn im Kontext seiner Zeit sieht, im Konflikt der Entscheidungen, die notwendig aufgrund unzureichender Informationen getroffen werden mussten. Wie er sich so im Leben bewährte, war in der Tat bemerkenswert.

II. Der junge Gandhi: Von Gujarat nach London

1. Kindheit in Gujarat

Mohandas K. Gandhi wurde am 2. Oktober 1869 in Porbandar, Gujarat, geboren. Sein Vater Karamchand war Premierminister eines kleinen Fürstenstaats. Von solchen Fürstenstaaten gab es über fünfhundert, die wie Insekten im Bernstein von Britisch-Indien umschlossen waren. Die britischen Kolonialherren hatten überall dort, wo es nicht viel zu holen gab, einheimische Fürsten in Amt und Würden belassen und sie nur einer indirekten Herrschaft unterworfen. In der Innenpolitik genossen sie weitgehende Autonomie. So war auch Gandhis Vater als Premierminister in dem kleinen Staat ein mächtiger Mann. Doch die Atmosphäre dieses Staates war für den jungen Gandhi erdrückend. Das Kommen und Gehen im Hause des Vaters, das ständige Flüstern und Intrigieren ödeten ihn an. Erst später, als der Vater die Position eines Richters am Fürstengericht in Rajkot einnahm, konnte er ihn von ganzem Herzen bewundern. Karamchand Gandhi war ein aufrechter und ehrlicher Mann, er besaß keine reguläre Schulbildung, aber viel Erfahrung und hatte einen ausgeprägten Gerechtigkeitssinn. Das Gericht, dem er angehörte, war ein Tribunal, das Streitigkeiten zwischen den Fürsten Kathiawars, dem Westteil Gujarats, schlichtete. Die Verfahrensweise dieses Tribunals bestand nicht aus Verhör und Urteil, es ging hier um Vermittlung und Schiedsgerichtsbarkeit. Mohandas Gandhis Gerechtigkeitsempfinden wurde zutiefst von dieser Arbeit seines Vaters in Rajkot geprägt.

Der andere entscheidende Einfluss auf den jungen Gandhi war der der frommen Mutter, die oft Gelübde ablegte, die sich auf das Fasten und andere religiöse Praktiken bezogen. Gandhi bewunderte die fröhliche Disziplin, mit der die Mutter diesen Gelübden folgte. Die Rolle, die Gelübde in seinem späteren

Leben spielen sollten, wurde auf diese Weise vorgezeichnet. Zugleich wurde Gandhi sowohl von dem volkstümlichen Vaishnavismus, der in dieser Gegend Gujarats vorherrschte, als auch von dem strengen Jainismus geprägt, der hier seit alter Zeit fest verankert war. Der Vaishnavismus ist jene Form des Hinduismus, bei der Vishnu als höchster Gott angesehen wird. In seiner volkstümlichen Form betont er die hingebungsvolle Andacht, das Gebet und die Frömmigkeit. Der Jainismus ist eine Lehre die zeitgleich mit dem Buddhismus im 6. Jahrhundert vor Christus in Ostindien entstand und sich von dort in den Süden und Westen des Landes verbreitete. In der Philosophie des Jainismus sind Geist und Materie miteinander verbunden und nicht getrennt wie in anderen philosophischen Systemen. Einige der Vorstellungen Gandhis, die westlichen Beobachtern seltsam erschienen, gingen auf diese Philosophie zurück. Dass das individuelle physische Verhalten metaphysische Konsequenzen habe, wurde von ihm ganz selbstverständlich vorausgesetzt. Er hatte diese Ideen in seiner Jugend aufgenommen und kommentierte sie später nicht. Aber einige seiner scheinbar irrationalen Bemerkungen ergeben einen Sinn, wenn sie im Lichte dieser andersartigen Rationalität gesehen werden. In einem ganz primitiven Sinn entsprach dieser Rationalität die Ansicht, dass das Fleischessen der Grund dafür war, dass die Briten die vegetarischen Hindus beherrschen konnten. Gandhi machte daher als Knabe einige Experimente mit dem Fleischessen, obwohl ihm Fleisch überhaupt nicht schmeckte.

Die Welt der Briten war übrigens buchstäblich meilenweit entfernt von der des kleinen Fürstenstaats, in dem Gandhi aufwuchs. Nur in der Schule drängte sich ihm die englische Unterrichtssprache auf, die ihm gar nicht gefiel. Er sagte später einmal, dass er Fächer wie Mathematik sicher viel rascher begriffen hätte, wenn sie ihm in der Muttersprache beigebracht worden wären. Sein Englisch blieb bis zum Ende seiner Schulzeit recht mäßig. Später meisterte er die englische Sprache in Wort und Schrift auf vorbildliche Weise, aber er hielt sie nach wie vor für etwas, das die Kolonialherren den Indern aufgezwungen hatten und das ihnen mehr schadete als nutzte. Er glaubte, dass diese Sprache ihre geistigen Fähigkeiten einengte und sie dazu verführte, zu wiederholen, was andere ihnen sagten, statt für sich selbst zu denken. Er verurteilte ganz besonders jene Inder, die die gleiche Muttersprache hatten, aber dennoch Englisch miteinander sprachen, weil sie das für «gebildet» hielten. Die Liebe zu seiner Muttersprache Gujarati verlor er nie. Selbst als er schon viel auf Englisch veröffentlicht hatte, schrieb und publizierte er weiterhin auch auf Gujarati.

Der indische Nationalismus, der in der Gründung des Nationalkongresses im Jahre 1885 in Mumbai (Bombay) seinen Ausdruck fand, als Gandhi das College in Bhavnagar besuchte, beeindruckte ihn damals noch nicht. Wäre er als Sohn eines westlich gebildeten Vaters in Mumbai aufgewachsen, dann hätte er von diesem neuen Phänomen, das die Bildungsschicht begeisterte, sicher viel gehört. Aber die Fürstenstaaten Gujarats standen der Entwicklung in Britisch-Indien fern und behielten diese Distanz noch lange bei. So gesehen war es eine ganz ungewöhnliche Entscheidung der Familie Gandhi, den jungen Mohandas zum weiteren Studium nach England zu senden. Die Familie war der Meinung, dass mindestens einer von ihnen der Karriere des einige Jahre zuvor verstorbenen Karamchand folgen sollte. Zukünftig, so sagte man sich, würde es kaum möglich sein, eine solche Stellung ohne einen in England erworbenen akademischen Grad zu erlangen. Die Entscheidung fiel den Gandhis nicht leicht. Die Tatsache, dass Mohandas bereits verheiratet war und seine junge Ehefrau Kasturba und ihr Baby daheim lassen musste, spielte dabei keine Rolle, sie würden in der Großfamilie gut aufgehoben sein. Aber Gandhis Mutter fürchtete, dass der junge Mann den unmoralischen Einflüssen des Westens erliegen würde, und ließ ihn daher gar nicht gern ziehen. Schließlich ließ sie ihm von einem Jainmönch ein Gelübde abnehmen, dass er auf Fleisch, Alkohol und Frauen verzichten werde, erst dann durfte er nach London reisen. Er hatte sich inzwischen ganz und gar mit diesem Reiseplan identifiziert und brannte darauf, in London zu studieren. Das Gelübde, das er vor der Abreise ablegte, war sein erstes, es sollten später noch viele andere folgen.

2. Ein «Gentleman» in London

Als der junge Gandhi in London ankam, fühlte er sich gar nicht wohl. Sein Englisch war noch sehr bescheiden, und der weiße Flanellanzug, den er trug, als er an einem kühlen Oktobertag das Schiff verließ, erschien ihm nun als sehr unpassend. In Rajkot hatte er Briten in solchen Anzügen herumlaufen sehen, aber niemand hatte ihm gesagt, dass sie sie nicht daheim in der kalten Jahreszeit trugen. Er versuchte, sich so schnell wie möglich den Sitten und Gebräuchen der britischen Gesellschaft anzupassen. In seiner Autobiographie «Meine Experimente mit der Wahrheit» verurteilte er später seine Bemühungen darum, Französisch sprechen und Geige spielen zu lernen, Tanzstunden zu nehmen, teure Anzüge zu tragen und mit der Kutsche zu fahren, statt zu Fuß zu gehen. Der Leser der Autobiographie gewinnt den Eindruck, dass all dies nur Launen eines extravaganten jungen Mannes waren, denn als solche schildert sie Gandhi. Aber all diese Bemühungen hatten einen gemeinsamen Nenner: Gandhi bemühte sich nach Kräften darum, ein «Gentleman» zu werden.

Die Gesellschaft des spätviktorianischen England war sehr klassenbewusst und zugleich überaus offen. Wer sich den Lebensstil eines «Gentleman» leisten konnte, wurde als solcher akzeptiert, solange er die Spielregeln beachtete. Gandhi war sozusagen ein männliches Gegenstück der «fair lady», die von Professor Higgins trainiert wurde. Er gab zwar bald einige der oberflächlichen Umgangsformen des «Gentleman» auf, aber er bemühte sich eifrig um die Verbesserung seiner Englischkenntnisse. Er las täglich die *Daily News*, den *Daily Telegraph* und die *Pall Mall Gazette*. Der englische Journalismus seiner Zeit hatte einen hohen Standard. Die *Pall Mall Gazette* war die führende liberale Zeitung. John Morley war bis 1883 ihr Chefredakteur gewesen, und zur Zeit, als Gandhi sich in London aufhielt, war es W. T. Stead, den Gandhi ganz besonders respektierte. Stead hatte eine neue Art der Berichterstattung eingeführt. Er diskutierte soziale Probleme und berichtete über neue Bewegungen, so etwa über Madame Blavatskys Theosophie oder William Booths Heilsarmee. Gandhi sollte später einer der bedeutendsten Journalisten des 20. Jahrhunderts werden, der fast täglich Berichte schrieb. Er verdankte viel dem Beispiel des britischen Journalismus, den er in seinen Londoner Jahren kennen und schätzen gelernt hatte.

Das britische politische Leben wandelte sich in diesen Jahren auf entscheidende Weise. Gladstones Liberalismus war ins Abseits geraten. Er hatte seine wichtigsten Leistungen vollbracht. Wirtschaftswachstum und der Sieg der bürgerlichen Demokratie wurden nun als gegeben hingenommen. Doch die Liberalen hatten keine Antworten auf die dringenden Fragen der Zeit. Sie konnten weder zur Stützung des britischen Imperialismus beitragen noch den sozialen Wandel bewältigen, der sich aus dem Rückgang der Bedeutung der Landwirtschaft und dem Aufstieg der Industrie ergab. Gladstone war 1885 von der britischen Niederlage im Sudan empfindlich getroffen worden, und als er 1886 die Autonomie Irlands zu seinem Programm machte, verlor er vollends die Unterstützung der Wähler. Die Konservative Partei hatte einen neuen Aufschwung erlebt, und als Gandhi sich in London aufhielt, stand der konservative Premierminister Lord Salisbury auf der Höhe seiner Macht. Die Liberale Partei hatte sich über die irische Frage zerstritten. Gespalten bedeutete sie für Salisbury keine ernsthafte Herausforderung. Stattdessen kamen zu jener Zeit neue politische Kräfte auf, die sich später in der Labour Party zusammenfanden. Der Aufstieg dieser Partei war jedoch zu jener Zeit noch nicht absehbar. Es gab einen Wirrwarr von Reformbewegungen aller Art. Anarchisten, Vegetarier, Kommunisten und Sozialisten warben um die Gunst des Publikums. Zugleich wies der Streik der Dockarbeiter von 1889 auf die wachsende Bedeutung der Gewerkschaften hin. Gandhi verfolgte diesen Streik sehr aufmerksam, doch ihn beeindruckten weniger die Gewerkschaftsführer als der große Vermittler, Kardinal Manning, der zur Beilegung des Streiks beitrug. Als der Gujarati-Dichter Narayan Hemchandra Gandhi in London besuchte, berichtete ihm Gandhi über den Streik und die Rolle Mannings. Hemchandra bestand darauf, Manning zu treffen. Gandhi, der zu schüchtern gewesen wäre, für sich selbst um ein

Interview zu bitten, arrangierte es für Hemchandra und begleitete ihn als Dolmetscher.

Hemchandra war nur ein durchreisender Gast, aber es gab da noch einen anderen Landsmann Gandhis in London, der einen bleibenden Eindruck auf ihn machte: Dr. Pranjivan Mehta. Der gute Doktor hatte Gandhi bei seiner Ankunft in London empfangen und war sein väterlicher Freund geworden. Er hatte Jura und Medizin studiert und war nicht nur ein perfekter «Gentleman», sondern auch ein eindrucksvoller Intellektueller, mit dem Gandhi alle Fragen diskutieren konnte. Ebenso wichtig für Gandhi waren die Gespräche mit den Brüdern Bertram und Archibald Keightley, die ihn in die Theosophie einführten und ihm viele Fragen über seine eigene Religion stellten. Gandhi war als Hindu in der lebendigen Tradition seiner Heimat aufgewachsen, aber hatte sie nie bewusst reflektiert. Dazu wurde er nun durch die Fragen der Keightleys gezwungen. Sie waren sehr belesen und luden Gandhi ein, die *Bhagavadgita* und andere Hindu-Schriften mit ihnen zu studieren. Durch sie lernte er auch Madame Blavatsky und ihre neue Schülerin, die irische Sozialistin Dr. Annie Besant, kennen, die sich 1889 der Theosophischen Gesellschaft angeschlossen hatte. Es wäre gar nicht überraschend gewesen, wenn auch Gandhi nun dieser Gesellschaft beigetreten wäre. Aber er stand wohl einigen der recht esoterischen Lehren Blavatskys eher skeptisch gegenüber.

Es gab da aber eine andere Bewegung, der sich Gandhi mit großer Begeisterung anschloss: die Vegetarische Gesellschaft. Er hatte Henry Salts Buch *A Plea for Vegetarianism* gelesen, das ihn sehr beeindruckt hatte. Bisher war er nur aufgrund seiner Herkunft Vegetarier gewesen und wegen des Schwurs, den er vor seiner Reise nach England hatte leisten müssen. Nun aber wurde er Vegetarier aus Überzeugung. Salt lieferte ihm die Ideologie, die ihm bisher gefehlt hatte. Für Salt war der Vegetarismus nicht einfach nur eine Frage der gesunden Lebensführung, sondern stand in einem größeren Zusammenhang. Er schrieb später eine Biographie Henry Thoreaus, des amerikanischen Apostels des bürgerlichen Ungehorsams. Gandhi traf Salt nie, korrespondierte aber über drei Jahrzehnte mit ihm. Er war ihm stets dankbar für die Hilfe, die seine Schriften, unter anderem, ihm in einer schwierigen Zeit seines Lebens bedeuteten. Die Vegetarische Gesellschaft wurde für Gandhi aber auch noch in anderer Hinsicht wichtig. Er wurde ihr Schriftführer und sammelte seine ersten Erfahrungen als Organisator und Journalist im Rahmen dieser Tätigkeit. Der junge «Gentleman» war ein begeisterter «Reformer» geworden – aber auch das passte zum Zeitgeist jener Jahre.

Neben allen diesen Tätigkeiten widmete sich Gandhi ernsthaft seinem Jurastudium. Er büffelte Latein, während seine Studienkollegen sich zumeist damit durchmogelten, dass sie sich Übersetzungen der betreffenden Texte besorgten. Gandhi war kein brillanter, aber ein sehr gewissenhafter Student, der seine Zeit in London gut nutzte. Nach drei Jahren hatte er sein Examen bestanden und konnte sich nun «Barrister» nennen, aber als er 1891 seine Praxis in Mumbai aufnahm, hatte er keinen beruflichen Erfolg. Er war viel zu schüchtern, um seine Mandanten vor Gericht überzeugend zu vertreten. Aber er konnte gut Petitionen verfassen und andere Schriftsätze erstellen. Damit verdiente er sich recht mühsam seinen Lebensunterhalt. Wäre ihm nicht der Zufall zu Hilfe gekommen, so hätte er wohl bis ans Ende seiner Tage auf solche Weise still und bescheiden gelebt. Doch ein muslimischer Händler aus Gujarat, der einem Geschäftsfreund in Südafrika einen Gefallen tun wollte, wurde auf Gandhi aufmerksam. Südafrika gehörte damals noch wie Indien zum britischen Weltreich, so konnte Gandhi als in London ausgebildeter Anwalt dort ohne weiteres praktizieren. Der Freund des Händlers war in einen Rechtsstreit verwickelt, in dem es um eine hohe Summe ging. Indische Rechtsanwälte gab es damals in Südafrika noch nicht, und die britischen Anwälte dort sahen auf indische Klienten herab und bemühten sich nicht besonders um sie. So bekam Gandhi das Angebot, diesen Fall zu übernehmen und nach Südafrika zu reisen.

III. Prägende Jahre in Südafrika

1. Der Kuli-Anwalt

Ursprünglich war Gandhis Entsendung nach Südafrika nichts anderes als eine zeitlich eng begrenzte Geschäftsreise. Er reiste 1893 ab und hätte noch im selben Jahr zurückkehren können. Doch – abgesehen vom gelegentlichen Heimaturlaub – sollte er 21 Jahre in Südafrika verbringen. Diese Jahre prägten ihn. Alles, was er später in Indien bewirkte, beruhte auf seiner südafrikanischen Erfahrung als Führer der indischen Minderheit, eine Rolle, in die er allerdings erst allmählich hineinwuchs.

Gandhis Bestimmungsort in Südafrika war Durban, die Hauptstadt der Provinz Natal, die von britischen Zuckerrohrpflanzern beherrscht wurde. Die dortige afrikanische Bevölkerung, die Zulus, waren nicht dazu zu bewegen, auf den Plantagen zu arbeiten – und die Sklaverei war schon lange abgeschafft. Deshalb waren die Plantagenbesitzer auf die Einfuhr indischer Kulis angewiesen, die sich vertraglich für fünf Jahre für eine Arbeit verpflichteten, die nicht viel besser als Sklavenarbeit war. Danach siedelten sie sich als freie Arbeitskräfte dort an. So war im Laufe der Zeit eine beträchtliche indische Bevölkerung zusammengekommen. Neben den «Kulis» gab es auch indische Händler und Handwerker, aber für die Briten waren alle diese Leute «Kulis» – und Gandhi war also ein «Kuli-Anwalt», der einzige, den es in Südafrika gab.

Die Gujarati-Händler, die sich dort angesiedelt hatten, waren meist Muslime und wegen ihrer Namen und ihrer Kleidung wurden sie von den unwissenden Briten für Araber gehalten. Sie ließen die Briten auch gern in diesem Glauben, denn so konnten sie sich von ihren indischen Landsleuten, den dunkelhäutigen Tamil-Kulis, absetzen. Von indischer Solidarität war also in Südafrika nichts zu spüren, sie wurde erst durch Gandhi heraufbeschworen. Doch das dauerte geraume Zeit. Zuerst begegnete ihm sogar sein Mandant Dada Abdullah mit Misstrauen. Dem schuldete ein entfernter Verwandter in Prätoria 40 000 Pfund, um deren Rückzahlung sich Gandhi bemühen sollte. Dada Abdullah fürchtete jedoch, dass Gandhi sich hinter seinem Rücken mit dem Schuldner auf einen Vergleich einigen könnte, der ihm zum Nachteil gereichen würde. Schließlich gelang es Gandhi in der Tat, einen Vergleich herbeizuführen, der jedoch Dada Abdullah voll zufrieden stellte. Gandhi riet beiden Parteien davon ab, einen teuren Rechtsstreit zu führen. Sie sollten lieber einen Schiedsspruch akzeptieren. Der Schiedsspruch ging zu Abdullahs Gunsten aus, und der zeigte sich großzügig, indem er einer Rückzahlung der Schulden in Raten zustimmte. Gandhi erwarb sich so das Vertrauen beider Parteien, aber nicht nur dies – er kam damit auch zu großem Ansehen bei allen Gujarati-Händlern Südafrikas. Darauf hatte er es bei seinem Vorgehen gar nicht angelegt. Er war nur so vorgegangen, wie er es aus der Praxis seines Vaters in Rajkot kannte.

Das Vertrauen des Prozessgegners Tyeb hatte er bei seiner Ankunft in Prätoria freilich zunächst auf eine Weise erworben, die gar nichts mit dem Prozess zu tun hatte. Gleich nach seiner Ankunft in Prätoria hatte er Tyeb darum gebeten, eine Versammlung der indischen Minderheit der Stadt einzuberufen, um über Fragen von gemeinsamem Interesse zu sprechen. Das war nicht etwa ein geschicktes Ablenkungsmanöver, sondern entsprang Gandhis persönlicher Betroffenheit. Er hatte auf der Fahrt nach Prätoria die Rassendiskriminierung am eigenen Leibe erfahren und war empört. Er wollte erreichen, dass die Inder sich dagegen gemeinsam zur Wehr setzten. Indem er zusammen mit Tyeb an dieser Aufgabe arbeitete, gewann er sein Vertrauen. So hatte er, ohne es eigentlich zu beabsichtigen, damit begonnen, sein südafrikanisches Netzwerk aufzubauen. Die Absicht, ein Netzwerk zu begründen, konnte er schon deshalb nicht haben, weil er ja mit einer baldigen Rückreise nach Indien rechnete. Doch diesem ersten Schritt auf dem Weg zur Stiftung indischer Solidarität sollten bald weitere folgen.

Als der dankbare Abdullah in Durban einen Abschiedsempfang für Gandhi gab, erfuhr Gandhi dort zufällig, dass die Inder demnächst durch ein neues Gesetz ihres Wahlrechts beraubt werden sollten. Abdullah und seine Kollegen wussten darum, waren betrübt, aber gedachten nichts dagegen zu tun. Solange man ihre Geschäfte nicht beeinträchtigte, mochte ihnen das Wahlrecht egal sein. Doch Gandhi war davon überzeugt, dass man den Anfängen wehren und gegen den Verlust des Wahlrechts Widerstand leisten müsse. Das britisch geprägte Natal hatte bisher nicht solche Anzeichen der Rassendiskriminierung gezeigt wie das benachbarte, von Buren beherrschte Transvaal. Es lebten zu dieser Zeit rund 40 000 Europäer und etwa ebenso viele Inder in Natal. Die Einwanderung kleiner europäischer Händler und Handwerker, die in direktem Wettbewerb mit den Indern standen, hatte das Klima auch in Natal verändert. Das Gesetz, das den Indern das Wahlrecht aberkannte, war ein Ausdruck dieses politischen Klimawechsels. Gandhi organisierte den Natal Indian Congress, der gegen das Gesetz protestierte, es letztlich aber doch nicht verhindern konnte. Aber die Organisation blieb bestehen und führte den Kampf um die Rechte der indischen Minderheit weiter.

Bisher hatte Gandhi nur im Kreise der Gujarati-Händler Ansehen und Einfluss gewonnen, doch wieder wollte es der Zufall, dass er auch bei den Tamil-Kulis überraschend berühmt wurde. Ein solcher Kuli war zu ihm gekommen und hatte ihm sein Leid geklagt. Kulis konnten es sich nicht leisten, Rechtsanwälte zu bezahlen. Jeder andere Anwalt hätte den Kuli wohl rasch vor die Tür gesetzt. Gandhi aber hörte sich geduldig an, was dieser ihm über seinen britischen Herrn berichtete, der ihn übel zugerichtet hatte. Er brachte den Kuli zu einem Arzt, der ihn behandelte und ein Attest ausstellte, das Gandhi einem Richter vorlegte. Der Brite hätte wegen Körperverletzung verurteilt werden können, aber das hätte das Problem des Kulis nicht gelöst. Gandhi handelte einen Kompromiss aus; der Kuli wurde einem anderen Herrn unterstellt, der ihn besser behandelte. Die Nachricht davon verbreitete sich wie ein Lauffeuer unter den Kulis, die von nun an große Stücke auf Gandhi hielten. Sogar die Zeitungen in der indischen Heimat der Kulis berichteten darüber. Wieder einmal war es Gandhi gelungen, sein südafrikanisches Netzwerk auszubauen, ohne dies beabsichtigt zu haben. Doch nachdem er die Verbindung zu den Tamil-Kulis hergestellt hatte, bemühte er sich sogar darum, Tamil zu lernen.

Zunächst hatte er es nur mit Fällen einzelner Kulis zu tun, aber dann kam ein Problem auf ihn zu, das alle Kulis betraf. Der Landtag von Natal verabschiedete ein Gesetz, das jedem Kuli, der seine Vertragszeit abgeleistet hatte und als freier Arbeiter in Natal bleiben wollte, eine Kopfsteuer von 25 Pfund auferlegte. Das war für einen armen Kuli eine horrende Summe, die er niemals aufbringen konnte. Die Pflanzer, die weiterhin Vertragskulis einführen wollten, gaben dem Druck der europäischen Mehrheit nach, die das Anwachsen der indischen Bevölkerung durch das Verbleiben freier Arbeiter verhindern wollte. Der von Gandhi gegründete Natal Indian Congress nahm sich der Sache an und bewirkte, dass die Kopfsteuer von 25 auf 3 Pfund ermäßigt wurde. Das war immer noch viel Geld, aber auf alle Fälle wurde so die Ausweisung aller freien Tamil-Arbeiter abgewendet, die die höhere Summe unweigerlich zur Folge gehabt hätte.

Gandhi war nun so engagiert in Südafrika, dass er daran denken musste, endlich seine Familie nachzuholen, die in den vergangenen Jahren wenig von ihm gesehen hatte. Seine Frau und die beiden Söhne Harilal und Manilal sowie ein Neffe sollten ihn nach Südafrika begleiten. Dazu fuhr er 1896 nach Indien. Während seines Aufenthalts dort veröffentlichte er das nach der Farbe seines Umschlags so genannte «Grüne Pamphlet», einen Bericht zur Lage der indischen Minderheit in Südafrika, der allgemeines Aufsehen erregte und auszugsweise von den Tageszeitungen nachgedruckt wurde. Dies war Gandhis Debüt auf dem Gebiet des politischen Journalismus – und es hätte ihm fast das Leben gekostet. Bei der Rückkehr wurde er in Durban beinahe von der aufgebrachten weißen Bevölkerung gelyncht. Ein Metzgermeister führte den Mob an, und Gandhi wurde nur durch den mutigen Zugriff der örtlichen Polizei gerettet. In London wurde sogar der Kolonialminister Joseph Chamberlain auf diesen Fall aufmerksam und forderte die Regierung von Natal auf, die Schuldigen zu bestrafen. Doch Gandhi, der wohl wusste, wer ihm nach dem Leben getrachtet hatte, weigerte sich, Namen zu nennen und Anzeige zu erstatten. Er sagte, die politische Lage insgesamt sei an seiner Verfolgung schuld gewesen. Seine Verfolger respektierten ihn für diese Haltung, und er konnte seine Tätigkeit noch erfolgreicher fortsetzen.

Der Einsatz für die indische Minderheit wurde freilich immer schwieriger, weil die Zahl der diskriminierenden Gesetze immer größer wurde. So wurde zum Beispiel eine Lizenzpflicht für Händler eingeführt, die die indischen Kaufleute von den Launen eines weißen Beamten abhängig machte, der ihre Lizenzen nach Belieben verlängern oder widerrufen konnte. Dennoch glaubte Gandhi weiterhin an die grundsätzliche Gerechtigkeit im britischen Weltreich, und als die Briten dieses Reich im Burenkrieg verteidigten, stellte sich Gandhi auf ihre Seite und organisierte eine indische Sanitätertruppe. Nach dem britischen Sieg sollten ihn die neuen Machthaber jedoch gründlich enttäuschen. Sie erwiesen sich als ebenso rassistisch wie die Buren. Diese hatten zwar viele diskriminierende Gesetze erlassen, hatten sie aber oft recht nachlässig gehandhabt, die Briten wandten sie nun mit aller Strenge an.

Zu dieser Zeit besuchte Gandhi wieder einmal Indien und nahm 1902 an der Sitzung des Nationalkongresses in Kolkata (Kalkutta) teil. Nach seiner Gründung im Jahre 1885 war diese nationale Sammlungsbewegung zunächst recht erfolgreich gewesen. Doch nach der britisch-indischen Verfassungsreform von 1892, die den Indern mehr Sitze im Legislativrat des Vizekönigs einbrachte, war es still um den Nationalkongress geworden. Auch die übliche Jahressitzung von 1902 bot wenig, was Gandhi hätte beeindrucken können. Aber er konnte seine Kontakte zu Gopal Krishna Gokhale erneuern, der der führende liberale Nationalist Indiens war. Er hatte bereits 1896 längere Gespräche mit ihm geführt. Gandhi achtete Gokhale und wäre sicher sein Gefolgsmann geworden, wenn er in Indien geblieben wäre. Er hatte sogar vor, sich in Mumbai als Rechtsanwalt niederzulassen, doch da erreichte ihn die Bitte der indischen Minderheit in Südafrika, sie beim bevorstehenden Besuch des britischen Kolonialministers Chamberlain zu vertreten. Gandhi reiste rasch nach Südafrika zurück und verfasste in Durban eine Petition, die dem Minister überreicht werden sollte. Er wollte darauf auch in Johannesburg, der Hauptstadt des Transvaal, eine Petition vorlegen, doch die Beamten dort ließen das nicht zu. Die Petitionen erwiesen sich letztlich ohnehin als nutzlos. Aber die Weigerung hatte Konsequenzen. Gandhi beschloss, seine Praxis nach Johannesburg zu verlegen, um den Beamten dort Paroli zu bieten.

Johannesburg war ein fremdes Pflaster für Gandhi. Es war eine Bergarbeiterstadt, und die Lage der indischen Minderheit war dort noch schlechter als anderswo in Südafrika. Die meisten Inder lebten in einem miserablen Ghetto. Als dieses von einer Pestepidemie befallen wurde, pflegte Gandhi die Opfer und organisierte mit Hilfe der Stadtverwaltung die Maßnahmen zur medizinischen Versorgung der Betroffenen. Von Johannesburg aus hielt Gandhi aber auch weiterhin Kontakt mit Durban, wo er 1903 die Zeitung *Indian Opinion* und 1904 die Phoenix Farm gegründet hatte. Die Farm war ein Experiment im Sinne John Ruskins, dessen Buch *Unto this last* («Auch diesem Letzten») Gandhi 1904 mit großer Begeisterung gelesen und später auch ins Gujarati übersetzt und unter dem Titel *Sarvodaya* in *Indian Opinion* veröffentlicht hatte. Auf der Farm sollten sich alle mit ihrer Hände Arbeit ernähren, auch *Indian Opinion* wurde dort redigiert und gedruckt. *Unto this last* ist ein Zitat aus der biblischen Geschichte über die Arbeiter im Weinberg, bei der auch der zuletzt gekommene Arbeiter den gleichen Lohn erhält wie die anderen. Für die Gujarati-Leser war diese Anspielung nicht leicht einzuordnen, dafür verstanden sie sofort, was mit *sarvodaya* (der gemeinsame Aufstieg aller Menschen) gemeint war.

Im Jahre 1906 wurde Gandhis Leben durch einige schwerwiegende Entscheidungen von Grund auf geändert. Im Zululand hatte ein Mann mit seinem Speer einen weißen Steuereintreiber getötet. Damit begann der Zulu-Aufstand, der von den Weißen blutig niedergeschlagen wurde. Sie hatten eine Miliz aufgestellt, deren Hauptmann ausgerechnet der Metzgermeister war, der Gandhi einst beinahe gelyncht hatte. Wie schon wäh-

Abb. 1: Gandhi umgeben von Mitarbeitern seines Anwaltsbüros in Johannesburg, 1902. Gandhi war der erste farbige Anwalt Südafrikas, der bei Gericht zugelassen war.

rend des Burenkriegs organisierte Gandhi auch diesmal eine indische Sanitätertruppe. Er wurde aus nächster Nähe Zeuge des blutigen Abschlachtens der Zulus, die mit ihren Speeren nicht gegen die Gewehre der Weißen ankamen. Gandhi hatte das Gefühl, dass er auf der falschen Seite stand und tröstete sich nur damit, dass er als Sanitäter verwundete Weiße und Schwarze gleichermaßen versorgte. Während der Nächte auf dem Schlachtfeld dachte Gandhi über sein Leben nach und kam zu dem Entschluss, seinen bürgerlichen Beruf aufzugeben und sich ganz der politischen und sozialen Arbeit zu widmen. Auch beschloss er, ein Keuschheitsgelübde abzulegen.

Erik Erikson hat versucht, so wie er es in seiner berühmten Studie über den jungen Luther getan hatte, auch in Gandhis Leben eine Identitätskrise zu orten. In dem Buch *Gandhi's Truth* («Gandhis Wahrheit») hat er den Textilarbeiterstreik in Ahmedabad im Jahre 1918 in diesem Sinne gedeutet. Doch wenn sich eine zentrale Identitätskrise in Gandhis Leben bestimmen lässt, so ist es seine Krise im Jahr 1906. Das Keuschheitsgelübde, das Gandhi bis zum Ende seines Lebens einhielt, spielte dabei eine besondere Rolle. Im Sinne dessen, was zuvor über die metaphysischen Folgen des physischen Verhaltens gesagt wurde, erwartete Gandhi auch von der sexuellen Enthaltsamkeit Wirkungen, die dem modernen Leser absurd erscheinen mögen. In einem Gespräch mit einem indischen Nationalisten sagte Gandhi später einmal, dass er vom Einhalten des Keuschheitsgelübdes erwartet habe, dass die sexuelle Energie sich in spirituelle Energie umsetzt, nur habe er dieses Stadium äußerster Perfektion wohl nie erreicht, denn sonst hätte er allein durch den Gedanken an etwas dessen unmittelbare Verwirklichung in der materiellen Welt hervorrufen können. Dieser Glaube macht auch verständlich, warum Gandhi es sich geradezu als persönliche Schuld anrechnete, wenn er die Gewalttaten anderer nicht verhindern konnte. Ohne Zweifel hatte die Brutalität, die er während des Zulu-Aufstands unmittelbar erlebte, ihn dazu gebracht, alles zu versuchen, um solcher Gewalt Einhalt zu gebieten. Dass sein Gelübde ihn dazu doch nicht ermächtigte, blieb für ihn stets eine unbewältigte Herausforderung.

Gandhis Frau Kasturba musste sich mit seinem Entschluss abfinden. Sie teilte weiterhin sein Leben als treue Ehefrau und Mutter seiner vier Söhne. Später folgte sie ihm auch ins Gefängnis, wo sie 1944 von ihm umsorgt und gepflegt starb.

Bald nach der radikalen Umstellung seines Lebens wurde Gandhi mit einer neuen Regierungsmaßnahme konfrontiert, die dazu führte, dass er eine neue Form des passiven Widerstands konzipierte, die er bald darauf *satyagraha* (Festhalten an der Wahrheit) nannte. Die Bezeichnung «passiver Widerstand» erschien ihm unzureichend, weil seine Art des Widerstands zwar gewaltfrei, aber durchaus nicht passiv war. Es ging schließlich um den Bruch als ungerecht empfundener Gesetze, bei dem sich die Gesetzesbrecher bewusst den Strafaktionen der Obrigkeit aussetzten.

2. Der Ursprung des Satyagraha

Die Regierung des Transvaal hatte ein Gesetz geschaffen, das die Inder dazu zwang, sich registrieren zu lassen. Bürger, die an Einwohnermeldeämter gewöhnt sind, werden darin keine besondere Maßnahme sehen. Aber weder in Großbritannien noch in irgendeiner der britischen Kolonien waren Menschen je dazu genötigt worden, sich registrieren zu lassen. Auch im Transvaal sollten dies nach dem neuen Gesetz nur die Inder tun. Es war also eine offensichtlich diskriminierende Maßnahme. Zunächst war das Gesetz noch nicht verabschiedet und bedurfte der Zustimmung des Königs. Der Transvaal erhielt erst 1907 die Autonomie, die es erlaubte, solche Gesetze auch ohne königliche Erlaubnis einzuführen. Gandhi und der muslimische Kaufmann H. O. Ali wurden im Auftrag der indischen Minderheit nach London entsandt, um zu bewirken, dass der König die Erlaubnis verweigere. Das tat er denn auch, aber dies hatte nur aufschiebende Wirkung. Das Gesetz wurde verabschiedet, sobald der Transvaal autonom wurde. Bis zum Juli 1907 sollten sich alle Inder registrieren lassen. Schon vor der Reise nach London hatte Gandhi eine große Versammlung im Empire Theatre in Johannesburg abgehalten, um gegen das Gesetz zu protestieren.

Dort war ein Muslim aufgestanden und hatte bei Gott geschworen, dass er sich niemals registrieren lassen werde. Gandhi hatte dies aufgegriffen und alle Anwesenden aufgefordert, es diesem Mann nachzutun. Nachdem das Gesetz nun Gültigkeit hatte, war die Zeit gekommen, den Schwur einzuhalten. Tatsächlich war der von Gandhi angeführte Boykott der Registration sehr erfolgreich. Die Behörden verlängerten daraufhin die Frist vom Juli bis zum November, aber auch bis zu diesem Termin ließen sich nur 511 Inder registrieren. Gandhi wurde vor Gericht zitiert, seine Aufenthaltsgenehmigung im Transvaal wurde widerrufen. Als er sich der Ausweisung widersetzte, wurde er zu zwei Monaten Haft verurteilt. Das war sein erster Gefängnisaufenthalt. Im Gefängnis las er Henry Thoreaus Essay über den bürgerlichen Ungehorsam und war davon begeistert. Thoreau verteidigte darin das Recht des Bürgers, sich ungerechten Gesetzen zu widersetzen und dies in der Form der Steuerverweigerung zu tun. Er selbst hatte das 1845 getan, um gegen die Sklaverei zu protestieren, die damals in den Vereinigten Staaten noch nicht abgeschafft worden war. Er wurde dafür ins Gefängnis geworfen, allerdings schon einen Tag später wieder entlassen. Gandhi aber musste seine zwei Monate absitzen.

Damit war der erste Schritt auf dem Weg zum Satyagraha getan, den Gandhi nun sein Leben lang verfolgen sollte. Das «Festhalten an der Wahrheit» bedeutete dabei auch, dass er keine geheime Verschwörung duldete, sondern stets seine Karten offen auf den Tisch legte, ja den Widersacher sogar ganz genau über die geplanten Aktionen informierte. Ferner gestand er dem Widersacher zu, dass er ein Einsehen haben konnte. Machte er ein Angebot, so nahm ihn Gandhi beim Wort. Brach der Widersacher sein Wort, so setzte er sich damit selbst ins Unrecht.

General Smuts, der zum Hauptwidersacher Gandhis in Südafrika wurde, musste bald erfahren, wie schwer es war, solch ein Spiel gegen Gandhi zu gewinnen. Smuts versprach, das Gesetz abzuschaffen, wenn die Inder sich freiwillig registrieren ließen. Gandhi ging darauf ein und forderte seine Gefolgschaft auf, sich registrieren zu lassen. Ein hünenhafter Pathan, der

Gandhis Boykottaufruf gefolgt war und ihn nun für einen Verräter hielt, schlug ihn zusammen. Gandhi ließ sich dadurch nicht beirren, noch auf dem Krankenbett ließ er den zuständigen Beamten zu sich bitten und unterschrieb das Registrationsformular. Nachdem die Inder sich hatten freiwillig registrieren lassen, brach Smuts sein Wort und behauptete sogar, es nie gegeben zu haben. Darauf ersuchten die Inder die Behörden, ihnen die Registrationsformulare zurückzugeben. Das Gericht urteilte jedoch, dass die Regierung dazu nicht verpflichtet sei. Daraufhin organisierte Gandhi eine Massenversammlung, auf der die Inder ihre Registrationsausweise öffentlich verbrannten. Die Regierung ignorierte dies und sah auch von einer strafrechtlichen Verfolgung derer ab, die nun keinen Ausweis mehr besaßen.

Smuts hatte Gandhi übers Ohr gehauen, und es gab keinen Weg, ihm Paroli zu bieten. Also musste Gandhi sich etwas anderes einfallen lassen. Die bestehenden Einwanderungsgesetze des Transvaal boten eine Handhabe. Gandhi organisierte Gruppen von indischen Einwanderern, die die Polizei nach Überschreiten der Grenze des Transvaal verhaften musste. Er kam auf diese Weise auch wieder ins Gefängnis und wurde sogar zu Zwangsarbeit verurteilt, die er gemeinsam mit Schwerverbrechern leisten musste. Nach einigen Monaten wurde er wieder entlassen. Inzwischen wurde nichts unversucht gelassen, um die indische Minderheit einzuschüchtern. Britische Gläubiger kündigten den Indern Kredite, Aufenthaltsgenehmigungen wurden aufgehoben usw. Außerdem fehlte es an jeglichen Geldmitteln zur Förderung der Kampagne. Da Gandhi seine Praxis aufgegeben hatte, besaß er nichts mehr, womit er seine Gefolgschaft hätte unterstützen können. Schließlich kehrte er zum alten Mittel der Einreichung von Bittschriften zurück und begab sich nach London, wo 1909 die Genehmigung der Verfassung der Union of South Africa zur Debatte stand.

Gandhis Londonaufenthalt verlief ergebnislos, aber er hatte bedeutsame Folgen für seinen weiteren Lebensweg. Er diskutierte hier mit jungen indischen Revolutionären, die die gewaltsame Beseitigung der britischen Herrschaft in Indien forderten.

Ferner führte er lange Gespräche mit seinem alten Freund Dr. Pranjivan Mehta. Offenbar nötigten ihn diese Gespräche dazu, seine Argumente präziser zu formulieren und zu begründen. Das tat er dann auf seiner Rückreise. In nur zwei Wochen schrieb er sein berühmtes Manifest *Hind Swaraj* («Indiens Freiheit»), von dem er später einmal sagte, dass er es für Dr. Mehta geschrieben habe und dass der Text fast wörtlich die Diskussionen mit ihm wiedergebe.

Das Manifest zeigt Spuren der Zivilisationskritik jener Zeit. Gandhis Angriffe auf Ärzte und Rechtsanwälte sind jedoch besonders erstaunlich, wenn man bedenkt, dass er noch ein Jahr zuvor die indischen Ärzte und Rechtsanwälte als die Arme dieser Minderheit bezeichnet hatte, die die Regierung durch ihre Einwanderungspolitik abhacken wolle. Jetzt aber schienen ihm Ärzte und Rechtsanwälte nicht nur überflüssig, sondern ihr Wirken geradezu schädlich. Hier ging er in seiner Zivilisationskritik wohl im Eifer des Gefechts zu weit. Doch im Übrigen enthielt das Manifest eine sehr treffende Analyse der britischen Herrschaft in Indien, die allein durch die Mitarbeit der Inder aufrechterhalten werde. Sobald die Inder die Zusammenarbeit einstellten, könnten die Briten nichts mehr bewirken. Sie wären dann völlig ohnmächtig. Das spätere Programm der Kampagne der Nichtzusammenarbeit war hier bereits skizziert. Die indische Minderheit in Südafrika, die im «Grünen Pamphlet» noch im Mittelpunkt von Gandhis Interesse gestanden hatte, war in *Hind Swaraj* gar nicht mehr Gegenstand der Debatte, hier ging es nur um Indien, mit dem sich Gandhi bis dahin kaum beschäftigt hatte. Die Gespräche in London markierten in dieser Hinsicht eine entscheidende Wende.

Hind Swaraj erschien 1909 zuerst auf Gujarati in *Indian Opinion*, erst 1910 wurde auch eine englische Ausgabe veröffentlicht. Die Briten in Indien setzten die Gujarati-Version von *Hind Swaraj* ebenso wie Gandhis Übersetzung der Verteidigungsrede des Sokrates, den er einen Satyagrahi nannte, auf den Index der verbotenen Bücher. Der englische Text von *Hind Swaraj* wurde nicht verboten, da er ja nicht von der Masse der Bevölkerung verstanden wurde.

Als Gandhi nach Johannesburg zurückkam, begann dort eine neue Phase seines Lebens. Er konnte sich nicht nach Natal zurückziehen, denn das hätte bedeutet, dass er General Smuts und der Regierung des Transvaal das Feld kampflos überlassen hätte. Praxis und Wohnung in Johannesburg hatte Gandhi aber aufgegeben, da kam ihm ein deutscher Freund, Hermann Kallenbach, zu Hilfe und nahm Gandhi auf seiner Farm vor den Toren von Johannesburg auf. Gandhi gab dieser Farm den Namen «Tolstoi Farm». Er hatte Tolstoi schon lange bewundert und auch mit ihm korrespondiert. Diese Farm wurde nun zum Zufluchtsort der Familien von Satyagrahis, die bei der wiederaufgenommenen Einwanderungskampagne ins Gefängnis kamen. Unter diesen Familien waren auch einige tamilische Frauen mit ihren Kindern. Gandhi organisierte eine Schule für die Kinder und unterrichtete sie in Tamil, wobei er ihnen – wie er sagte – meist gerade ein paar Lektionen voraus war. Der Kontakt mit diesen Frauen sollte eine ganz überraschende Bedeutung für das Ende der Kampagne in Südafrika haben. Wieder einmal wurde Gandhi in diesem Zusammenhang dafür belohnt, dass er sich ganz uneigennützig für Menschen in Not eingesetzt hatte.

Im Jahre 1912 empfing Gandhi einen prominenten Gast auf der Tolstoi Farm: Gokhale war nach Südafrika gekommen, um sich vor Ort ein Bild von der Lage der indischen Minderheit zu machen. Als er Gokhale durch Südafrika begleitete, lernte Gandhi von ihm, wie man überzeugende politische Reden hält, die auf einer genauen Analyse der relevanten Fakten beruhen. Gokhale beeindruckte die südafrikanische Regierung und erhielt Zusagen, dass die Registrierung abgeschafft und sogar die verhasste Kopfsteuer für Kulis gestrichen würde. Doch auch dieses Versprechen wurde nicht eingehalten. Da nun auch die Interessen der Kulis auf dem Spiel standen, erreichte die Kampagne ganz neue Dimensionen. Die Atmosphäre wurde noch dadurch vergiftet, dass ein ungeschicktes Gerichtsurteil dazu führte, dass praktisch alle indischen Ehen in Südafrika für ungültig erklärt wurden und die Kinder aus diesen Ehen als illegitim gelten mussten, weil nur christliche Ehen anerkannt wurden. Das brachte besonders die indischen Frauen auf. Die tamilischen Frauen auf der Tolstoi Farm erklärten sich nun bereit, am Satyagraha teilzunehmen. Gandhi schickte sie in ein Kohlebergwerksgebiet, wo sie die tamilischen Bergarbeiter zum Streik aufforderten. Diese wurden daraufhin ausgesperrt und mussten ihre Werksunterkünfte verlassen. Gandhi forderte sie auf, illegal nach Transvaal einzuwandern, wo sie verhaftet und in Gefängnissen untergebracht werden mussten. Die Regierung von Transvaal erkannte, was Gandhi damit erreichen wollte, und ließ die Bergarbeiter zunächst auf freiem Fuß. Erst als sie vor den Toren von Johannesburg erschienen, befand sich die Regierung im Zugzwang. Da erklärte die zuständige Behörde kurzerhand das Bergwerk, das die Arbeiter bestreikt hatten, zum Notgefängnis und ließ sie dorthin zurückbringen und Zwangsarbeit verrichten. Sie wurden vom Aufsichtspersonal übel misshandelt. Die Nachricht davon erreichte Indien, wo der Vizekönig Lord Hardinge gegen die Misshandlung der Arbeiter protestierte. Dann traten auch die Kulis auf den Zuckerrohrplantagen in Sympathiestreik. Soldaten wurden auf sie gehetzt, die das Feuer auf sie eröffneten. Gandhi wurde inzwischen im fernen Bloemfontein im Orange Free State gefangengehalten. Gokhale schickte den jungen britischen Geistlichen C. F. Andrews nach Südafrika, der Gandhi kurz nach dessen Entlassung aus dem Gefängnis traf.

Smuts sah nun endlich ein, dass er mit Unterdrückungsmaßnahmen nicht weiterkam, und ernannte eine Untersuchungskommission. Das war naturlich reine Augenwischerei, und da der Kommission nur Weiße angehörten, weigerte sich Gandhi, mit ihr zusammenzuarbeiten. Gerade zu dieser Zeit traten die weißen Eisenbahnarbeiter in Streik. Das hatte mit den Problemen der indischen Minderheit gar nichts zu tun. Gandhi erklärte nun, dass ein Satyagrahi niemals seinem Widersacher in den Rücken fällt, und suspendierte die Kampagne der Inder für die Dauer des Eisenbahnerstreiks. Smuts wusste das zu schätzen und kam Gandhi endlich entgegen. In einem Briefwechsel sicherte er Gandhi alles zu, was die indische Minderheit verlangt hatte. Die Kopfsteuer für Kulis wurde abgeschafft, die indischen Ehen für rechtsgültig erklärt und die Einwanderung von Indern erlaubt, wenn sie gewisse Mindestqualifikationen erfüllten. Gandhi hatte gewonnen und konnte nun endlich daran denken, nach Indien zurückzukehren.

IV. Einsatz im indischen Freiheitskampf

1. Begegnungen mit den indischen Bauern

Gandhi kehrte 1915 zu Beginn des Ersten Weltkriegs nach Indien zurück. Unter den Kriegsnotstandsgesetzen herrschte dort politische Grabesruhe. Gandhi konnte sich zunächst einmal darum kümmern, seine um etliche Gefolgsleute erweiterte Großfamilie in Indien unterzubringen. Die Tolstoi Farm war schon 1913 aufgelöst worden. Auf der Phoenix Farm blieb nur Gandhis zweiter Sohn Manilal zurück, der weiterhin die Zeitung *Indian Opinion* herausgab. Der älteste Sohn Harilal und die zwei jüngeren Söhne Ramdas und Devdas kehrten mit Gandhis Frau Kasturba nach Indien zurück. Sie fanden vorübergehend bei Rabindranath Tagore in Shantiniketan Zuflucht. Inzwischen bemühte sich Gandhi um die Errichtung des Sabarmati-Ashrams bei Ahmedabad, der dann für über zwei Jahrzehnte ein Heim für die Familie Gandhis und seine engere Gefolgschaft wurde. Ein Ashram ist nach indischer Tradition eigentlich der Aufenthaltsort eines heiligen Mannes, der dort als Eremit lebt oder aber auch Schüler in seine Lebensgemeinschaft aufnimmt. Gandhi betrachtete sich durchaus nicht als heiligen Mann. Er wollte nur in Indien wiederholen, was er bereits auf der Phonix Farm praktiziert hatte, doch fand er dafür die Bezeichnung Ashram durchaus als angemessen.

Gokhale sagte Gandhi die finanzielle Unterstützung des Ashrams durch die «Servants of India Society» zu. Diese Gesellschaft hatte Gokhale 1905 gegründet. Sie bestand aus Männern, die sich ganz dem Dienst an der Nation verschrieben hatten. Auch Gandhi sollte auf Gokhales Wunsch nun Mitglied werden und war dazu auch bereit. Die Gesellschaft war demokratisch organisiert, alle Mitglieder mussten Gandhis Aufnahme zustimmen. Sie fühlten sich dem Geist des Liberalismus verpflichtet und hielten Gandhi für viel zu radikal. Daran schei-

Abb. 2: Gandhi und seine Frau Kasturba bei ihrer Rückkehr nach Indien im Jahr 1915.

terte seine Aufnahme, zumal sein Fürsprecher Gokhale schon bald nach Gandhis Rückkehr verstarb und sich nicht mehr für ihn einsetzen konnte. Doch Gandhi hielt noch ein Versprechen ein, dass er Gokhale bei seiner Ankunft in Indien gegeben hatte. Er solle, so hatte Gokhale verlangt, ein Jahr durch Indien reisen, ohne eine Rede zu halten oder irgendwelche politischen Stellungnahmen abzugeben. Als Gandhi nach Ablauf dieses Jahres bei der Eröffnung der Banaras Hindu University in Varanasi (Benares) seine erste Rede in Indien hielt, wurde dies zu einer Sensation – ja geradezu zu einem Skandal, der große Wellen schlug.

Auf dem Podium saß neben dem Gründer der Universität, Pandit Madan Mohan Malaviya, und einigen Maharajas auch Annie Besant, der Gandhi bereits in London begegnet war und die inzwischen großen Ruhm in Indien erlangt hatte. Sie hatte in Chennai (Madras) eine Zweigstelle der Theosophischen Gesellschaft errichtet und nach irischem Vorbild eine Home Rule League für Indien ins Leben gerufen. Sie galt eigentlich als recht radikal, doch das, was Gandhi zu sagen hatte, schockierte selbst sie. Gandhi nannte sich einen Anarchisten, wandte sich dagegen, dass die Inder dazu gezwungen seien, Englisch zu sprechen, und bekundete sogar seine Sympathie mit den indischen Terroristen, denen er nur raten würde, der Gewalt abzuschwören und sich dem gewaltfreien Widerstand zuzuwenden. Doch ehe Gandhi dazu kam, die Gründe für das Aufkommen des Terrorismus in Indien zu analysieren, fiel ihm Annie Besant ins Wort und sagte, er solle den Mund halten. Als er mit Erlaubnis des Vorsitzenden dennoch weitersprach, verließ sie gefolgt von etlichen Maharajas den Saal. Die Nachricht von diesem Eklat ging durch die ganze indische Presse. Im folgenden Jahr wurde Frau Besant wegen ihrer Unterstützung des indischen Nationalismus verhaftet und nach ihrer Freilassung 1917 zur Präsidentin des Nationalkongresses gekürt. Aber Gandhi hatte es sich mit ihr ein für allemal verdorben.

Bereits zuvor hatte es Gandhi fertiggebracht, sein Verhältnis zu einem anderen prominenten Politiker Indiens zu belasten. Dies war Mohammed Ali Jinnah, damals noch ein liberaler

Nationalist, dessen sehnlichster Wunsch es war, ein muslimischer Gokhale zu werden. Eigentlich hätte die Verehrung für Gokhale Gandhi und Jinnah verbinden müssen. Aber bereits ihre erste Begegnung bei Gandhis Rückkehr nach Indien verlief sehr unglücklich. Die Vereinigung der Gujaratis in Mumbai hatte Jinnah als ihren Präsidenten gebeten, eine Ansprache zu Ehren Gandhis zu halten. Jinnah war für sein perfektes Englisch bekannt, das er natürlich auch bei dieser Gelegenheit vorführte. Schon nach den ersten Worten unterbrach ihn Gandhi und bat ihn, Gujarati zu sprechen, da doch nur Gujaratis anwesend seien und man auf Englisch daher verzichten könne. Jinnah tat dies nicht, sondern setzte unbeirrt seine englische Ansprache fort. Er hätte wohl auch kaum auf ähnlich formvollendete Weise Gujarati sprechen können, da er keine Übung darin hatte. Für Gandhi war Jinnah genau der Typ des anglisierten Inders, dessen Haltung er ganz und gar nicht billigte. Bei den nationalistischen Hindus war dieser Typ bereits überholt, für die Muslime aber, die sich der westlichen Bildung zunächst verweigert hatten und in dieser Hinsicht rückständig geblieben waren, bedeutete ein Mann wie Jinnah ein Vorbild, zu dem sie aufschauten. Das konnte und wollte Gandhi nicht begreifen. Für ihn erschien Jinnah als Auslaufmodell, und deshalb unterschätzte er dessen politische Wirkungsmöglichkeiten. In seiner Autobiographie, in der Gandhi den Vorfall schilderte, behauptete er noch, Jinnah habe ihm diese Intervention damals nicht übel genommen. Aber in späterer Zeit gestand er einmal, dass Jinnah ihn wohl von jener ersten Begegnung an gehasst habe.

Aufgrund seiner radikalen Ansichten über die schädliche Wirkung des kolonialen Bildungssystems konnte Gandhi sich freilich auch nicht mit den gebildeten indischen Politikern des Nationalkongresses anfreunden, die über Verfassungsreformen diskutierten und kaum Beziehungen zur armen Bevölkerung auf dem Land hatten. Für sie war Gandhi eine marginale Gestalt. Allenfalls als Experte für Fragen der indischen Minderheit in Südafrika verdiente er ihre Aufmerksamkeit. So blieb Gandhi auch ganz unbeachtet, als er 1916 die Sitzung des Nationalkongresses in Lakhnau (Lucknow) besuchte, bei der Jinnah im

Namen der Muslimliga und Bal Gangadhar Tilak im Namen des Nationalkongresses einen Pakt schlossen, der die Verteilung der Sitze im Rahmen der nächsten Verfassungsreform zum Gegenstand hatte. Tilak war ein radikaler Nationalist, der die Jahre von 1908 bis 1914 wegen aufrührerischer Schriften im Zuchthaus verbracht hatte, dann aber zum Führer des Nationalkongresses aufgestiegen war. Während des Krieges hatte sich Tilak sehr vorsichtig verhalten, es aber auch verstanden, die neue Stimmung unter den indischen Muslimen zu nutzen, die den türkischen Kalifen verehrten, der zum Kriegsgegner der Briten geworden war. Von dieser scheinbar so patriotischen Welle wurde auch Jinnah getragen, der den Pakt mit Tilak als Höhepunkt seiner politischen Karriere ansah. Er sollte später oft daran zurückdenken, denn so sehr er auch die Wiederholung dieser einmaligen Konstellation erhoffte, so sehr wurde er gerade in dieser Hinsicht enttäuscht. Tilak starb 1920, und dann übernahm Gandhi die Führung des Nationalkongresses – und mit ihm konnte Jinnah nicht paktieren.

Doch 1916 stand diese Entwicklung noch in den Sternen, und auf Gandhi kamen zunächst ganz andere Aufgaben zu. Während der Sitzung des Nationalkongresses kam ein Bauer aus dem Bezirk Champaran in Bihar zu Gandhi und bat ihn, sich der Nöte der Bauern dort anzunehmen, die von britischen Indigopflanzern ausgebeutet und bedrückt wurden. Eigentlich verlangte der Bauer von ihm, dass er auf der Stelle dem Nationalkongress eine Resolution zu diesem Problem vorlegen sollte. Gandhi weigerte sich, das zu tun, weil er von den Problemen, um die es ging, keine Ahnung habe, versprach aber, Champaran zu besuchen und sich vor Ort ein Bild von der Lage zu machen.

Die Besitzverhältnisse im Bezirk Champaran waren recht eigentümlich. Wie viele Gebiete im östlichen Indien war auch dieser Bezirk 1793 in den Geltungsbereich des «Permanent Settlement» (permanente Grundsteuerveranlagung) gekommen. Die Grundsteuer wurde nur von den Großgrundbesitzern (zamindars) erhoben, an die die Bauern Pacht zahlten. Da die Grundsteuer ein für allemal festgelegt war und daher im Laufe der Zeit kaum noch ins Gewicht fiel, hatte sich ein System mehrfacher Unterverpachtung entwickelt. In diesem System hatten sich in Champaran britische Pflanzer sozusagen als «Oberpächter» eingenistet, die an den Raja von Bettiah, der als Zamindar fast den ganzen Bezirk besaß, eine geringfügige Pacht zahlten, dafür aber das Recht hatten, ihre Unterpächter nach eigenem Gutdünken zur Kasse zu bitten. Dabei waren sie weniger an der Pachtzahlung interessiert, als am Anbau des Indigo, das die Bauern ihnen billigst überlassen mussten. Die Pachtforderungen dienten dabei als Druckmittel. Nach der Erfindung des Anilin, das im letzten Jahrzehnt des 19. Jahrhunderts von den Badischen Anilin- und Sodafabriken (BASF) in großen Mengen auf den Markt gebracht wurde, war der Indigoanbau in Indien schlagartig zurückgegangen. Da der Weltkrieg aber die Handelsströme abgeschnitten hatte, lohnte sich der Indigoanbau wieder, und die Pflanzer nutzten diese Konjunktur, gaben aber die guten Preise, die sie erzielten, nicht an die Bauern weiter, die sie erbarmungslos ausbeuteten. Die Bauern hatten die Regierung gebeten, eine Untersuchungskommission einzusetzen, aber das war nicht geschehen. Stattdessen tauchte nun Gandhi in Champaran auf und führte zum großen Entsetzen der Pflanzer und der britischen Bezirksverwaltung mit seinen Mitarbeitern eine solche Untersuchung durch.

Im Kampf mit den Behörden kamen Gandhi seine Erfahrungen in Südafrika zugute. Er wurde verhaftet und sollte aus dem Bezirk ausgewiesen werden. Als er sich weigerte, kam er vors Bezirksgericht. Der Richter wollte ihn gegen Kaution freilassen, doch Gandhi weigerte sich, eine zu zahlen, da ließ ihn der hilflose Richter auch ohne sie frei. Die Bauern feierten das als einen großen Sieg und strömten Gandhi in Scharen zu. Der Richter wusste sehr wohl, dass es in diesem Fall keine rechtliche Handhabe gegen Gandhi gab. Die Bezirksverwaltung hatte unter dem Druck der Pflanzer einen strategischen Fehler gemacht, den Gandhi nutzen konnte. Er durfte seine Erhebungen ungestört weiter durchführen. Da wurde es den Pflanzern mulmig, und sie wollten nun doch lieber die offizielle Untersuchungskommission eingesetzt wissen, deren Einberufung sie zuvor verhindert hatten. Sie glaubten, damit Gandhis Erhebungen überflüssig zu machen und so dafür zu sorgen, dass er abzog. Doch die Provinzregierung ernannte Gandhi zum Mitglied der offiziellen Kommission, und der nutzte diese Position zum Vorteil der Bauern. Er setzte eine Reduktion der Pachtsätze und damit die Abschaffung des Zwangsanbaus durch. Darauf verbreitete sich Gandhis Ruhm als Anwalt der Bauern. Zugleich hatte ihn die Arbeit in Champaran mit Männern in Kontakt gebracht, die ihn von nun an auf seinem weiteren politischen Weg begleiten sollten. Unter ihnen war der Rechtsanwalt Dr. Rajendra Prasad aus Bihar, der später der erste Staatspräsident Indiens werden sollte. Aus Gujarat hatte Gandhi einen jungen Sekretär mitgebracht: Mahadev Desai. Der diente ihm bis zu seinem Tod im Jahre 1942 nicht nur als Sekretär, sondern auch als engster Berater. Wie bereits in Südafrika gelang es Gandhi nun auch in Indien, vorzügliche Mitarbeiter zu gewinnen.

Kaum waren die Probleme Champarans gelöst, da wurde Gandhi in den Bezirk Kaira in Gujarat gerufen, wo eine hohe Grundsteuerveranlagung die Bauern bedrückte. Hier gab es kein «Permanent Settlement» und keine Großgrundherren. Die Bauern galten hier als «Regierungspächter», und ihre Steuersätze wurden periodisch erhöht. Wer die Steuer nicht zahlte, konnte enteignet werden. Sein ganzes Land kam unter den Hammer und nicht etwa nur so viel, wie es dem Betrag der Steuerschuld entsprochen hätte. Die Provinzregierung der Bombay Presidency, die für den Bezirk Kaira zuständig war, hielt sich viel auf ihre «wissenschaftliche» Steuerveranlagung zugute, bei der Bodenqualität, Marktzugang, durchschnittliche Regenfälle etc. berücksichtigt wurden. Ein Steuernachlass hätte die «Wissenschaftlichkeit» der Veranlagung in Zweifel gezogen und wurde daher allenfalls bei außergewöhnlichen Missernten gewährt. Die Ernte des Winters 1917/18 war schlecht, und die Bauern erwarteten einen Nachlass, den die Regierung ihnen aber nicht gewährte. Gandhi riet den Bauern zu einer Steuerverweigerungskampagne und versicherte ihnen, dass sie konfisziertes Land zurückerhalten würden, wenn sie nur standhaft blieben. So geschah es denn auch. Gandhi konnte wieder einen Sieg über die Behörden zugunsten der Bauern verbuchen. Er wurde bei dieser Kampagne von einen Anwalt aus diesem Bezirk tatkräftig unterstützt, der dann auch zu einem seiner engsten Mitarbeiter wurde: Vallabhbhai Patel. Er wurde später Indiens erster Innenminister und als Bismarck Indiens gefeiert.

Wenig später sollte Gandhi in Kaira erfahren, dass die Bauern ihm nicht unbedingt folgten. Im letzten Kriegsjahr hatte er sich der Werbung von Rekruten für die britisch-indische Armee verschrieben. Noch glaubte er an das britische Weltreich und wollte zu seiner Verteidigung beitragen, wenn er auch persönlich ein Kriegsgegner war. Doch die Bauern, an deren Türen er nun klopfte, wiesen ihn ab. Er schloss daraus, dass er Menschen nur dann führen konnte, wenn sie das auch wollten.

Inzwischen war er in einen weiteren Konflikt hineingezogen worden, der ihm eigentlich recht fremd war. Er war gebeten worden, 1918 im Textilarbeiterstreik von Ahmedabad zu vermitteln. Vielleicht erinnerte er sich an Kardinal Manning, dessen Vermittlung im Dockarbeiterstreik er einst in London so bewundert hatte. Er kannte einige der Fabrikbesitzer und glaubte, dass er sie beeinflussen könne. Das Elend der Textilarbeiter war allzu offensichtlich. Die Kriegsinflation hatte 1918 zu einem steilen Anstieg der Lebensmittelpreise geführt, aber die Löhne hatten damit nicht Schritt gehalten. Die Arbeitgeber wollten einer Lohnerhöhung nicht zustimmen, weil sie befürchteten, dass sie die Löhne später nicht wieder reduzieren konnten, wenn sich die wirtschaftliche Lage änderte. Gandhi ermahnte die Arbeiter, bei ihrem Streik standhaft zu bleiben, und als die Streikfront zu brechen drohte, trat er in den Hungerstreik. An sich war dieses Fasten gegen jene Arbeiter gerichtet, die wankelmütig zu werden schienen. Aber natürlich fühlten sich auch die Arbeitgeber betroffen. Bereits am dritten Tag von Gandhis Fasten erklärten sie sich bereit, sich einem Schiedsspruch zu beugen, und der Streik konnte nach einer Dauer von drei Wochen erfolgreich beendet werden.

Ende des Jahres 1918 war Gandhi ernsthaft krank und musste das Bett hüten, kaum war er wieder genesen, da erreichte ihn eine Nachricht, die ihn zutiefst enttäuschte. Mit dem Kriegsende entfielen die Kriegsnotstandsgesetze, die Briten verabschiedeten nun in aller Eile Ermächtigungsgesetze, die so genannten Rowlatt Acts, benannt nach dem Richter, der sie entworfen hatte. Diese Gesetze blieben zwar auf dem Papier und wurden nie angewandt, aber ihre bloße Existenz zeigte, dass die Briten den Indern nicht trauten, obwohl doch über eine Million indischer Soldaten an ihrer Seite gekämpft hatten.

2. Die Kampagne der Nichtzusammenarbeit

Gandhi dachte sofort an eine Satyagraha-Kampagne nach südafrikanischer Art, um dem Protest gegen die Rowlatt-Gesetze Ausdruck zu verleihen. Doch dabei gab es zwei Probleme: Gandhi hatte keine Organisation zu seiner Verfügung und da die Gesetze nur Ermächtigungsgesetze waren, boten sie keinen Anlass zu bewusster Übertretung. Das erste Problem versuchte er durch die Gründung der *Satyagraha Sabha* zu lösen, es war dies eine Versammlung (*sabha*), die allein dem Zweck diente, eine Satyagraha-Kampagne durchzuführen. Das zweite Problem konnte er nicht lösen, sondern nur umgehen, indem er einen symbolischen Protest inszenierte. Er dachte dabei an einen *hartal*, das ist eine altbekannte indische Form des Protests, bei dem die Kaufleute ihre Läden schließen, um damit zu zeigen, dass sie etwas gegen die Obrigkeit haben. Ein solcher *hartal* dauerte meist nur einen Tag und störte das Leben nicht allzu sehr. Aber die Beteiligung daran hatte eine Signalwirkung. Gandhi nannte also einen bestimmten Tag und hoffte auf eine möglichst breite Beteiligung. Darin sollte er auch nicht enttäuscht werden, aber da er nicht überall zugegen sein konnte, ließ sich nicht verhindern, dass es auch zu gewalttätigen Ausschreitungen kam.

In Mumbai blieben die Demonstrationen weitgehend friedlich. Gandhi hatte seine verbotenen Gujarati-Schriften nachdrucken lassen. Sie wurden überall auf den Straßen verkauft, und das war an sich eine Gesetzesübertretung. Nur ging die Regierung nicht darauf ein und ignorierte einfach die ganze Aktion. Die Regierung der Provinz Panjab war nicht so klug und reagierte allzu heftig auf die Demonstrationen. Diese Provinz war seit jeher mit militärischer Härte regiert worden. Man glaubte daher dort wohl, dass man ein Exempel statuieren müsse, um zu zeigen, wer hier das Sagen hatte. Das Massaker, das der General Dyer im Jallianwala Bagh von Amritsar anrichtete, war offenbar in diesem Sinne kalt berechnet, es war keineswegs die Entgleisung eines Offiziers, der die Nerven verloren hatte. Der Jallianwala Bagh ist ein von Mauern umsäumter Platz inmitten der Stadt Amritsar. Dort hatte sich eine große Menschenmenge zu einer Demonstration versammelt. Dyer befahl seinen Soldaten, das Feuer auf die unbewaffnete Menge zu eröffnen, und es blieben rund 400 Menschen auf der Strecke. Dyer dachte nicht darüber nach, dass seine Aktion der britischen Herrschaft den Mantel moralischer Überlegenheit raubte und sie in nackter Brutalität erscheinen ließ, so dass dann Gandhis Aufruf zur Nichtzusammenarbeit mit den Briten als einzige angemessene Antwort auf diese Herausforderung erschien.

Doch die Gewalt blieb nicht allein eine Sache der Briten, indische Demonstranten wurden ebenfalls gewalttätig, sogar in Ahmedabad, wo Gandhi noch vor kurzer Zeit den Streik geschlichtet hatte. Gandhi sprach davon, dass er einen Fehler von der Größe des Himalayas gemacht habe, als er den *hartal* verkündete. Er meinte damit, dass er es versäumt hatte, Satyagrahis auszubilden, die für gewaltfreie Aktionen gesorgt hätten, und stattdessen durch seinen Aufruf spontanen Ausschreitungen Vorschub geleistet hatte.

Gandhi hatte auch nicht berücksichtigt, dass die wirtschaftliche Lage der Massen zu dieser Zeit so prekär war, dass er sozusagen eine Lunte an ein Pulverfass gelegt hatte. Die Preise waren durch die Kriegsinflation so sehr angestiegen, dass den Leuten das Wasser bis zum Halse stand. Gandhi hätte das eigentlich aufgrund des Streiks in Ahmedabad wissen müssen, aber ökonomische Analysen waren nicht seine Stärke. Er hatte ein feines Gespür für moralische Fragen, aber wirtschaftliche Zusammenhänge interessierten ihn nicht, ja er lehnte es geradezu ab, sich damit zu beschäftigen. Er betonte einmal, dass er nie die Schriften der britischen Ökonomen gelesen habe, und meinte, dass das auch überflüssig sei, denn Christus sei der größte Ökonom gewesen, als er auf die Lilien auf dem Feld hinwies. Ein andermal sagte er über das Gesetz von Angebot und Nachfrage, es sei ein Gesetz des Teufels. Bei solcher Einstellung konnte es nicht verwundern, dass Gandhi entging, was die Kriegsinflation für die indischen Massen bedeutete.

Nach seinen himalayagroßen Fehlern hielt sich Gandhi eine Weile zurück, wurde aber bald in die Untersuchungen hineingezogen, die der Nationalkongress über die Ereignisse im Panjab anstellte. Hier konnte Gandhi wieder einmal seine hervorragenden Fähigkeiten unter Beweis stellen. Der Untersuchungsbericht stammte weitgehend aus seiner Feder. Er hatte darin nichts behauptet, was sich nicht genau beweisen ließ. Er überließ es dem Leser, aus dem, was nachweislich geschehen war, seine eigenen Schlussfolgerungen zu ziehen. So konnte man lesen, dass der Mann, in dessen Namen zur Demonstration im Jallianwala Bagh eingeladen worden war, gar nichts davon gewusst hatte und dass diese Einladung mit Trommelschlag in den Straßen Amritsars verkündet worden war, ohne dass die Polizei etwas dagegen unternommen hatte. Man konnte sich des Eindrucks nicht erwehren, dass die Menschen, die dann im Jallianwala Bagh umkamen, bewusst in eine Falle gelockt worden waren – aber das stand nicht in Gandhis Bericht. Dieser Bericht wurde 1920 kurz vor dem Bericht der offiziellen britischen Untersuchungskommission veröffentlicht, die alles, was im Panjab geschehen war, zu beschönigen versuchte. Der Kontrast der beiden Berichte fiel daher umso mehr auf.

Während Gandhi noch an dem Bericht gearbeitet hatte, war er auch in die Khilafat-Agitation der indischen Muslime hineingezogen worden. Es ging dabei um die Verteidigung des türkischen Kalifen, der auf deutscher Seite in den Krieg gezogen war und nun von den Briten entmachtet werden sollte. Gandhi empfahl den Muslimen die Nichtzusammenarbeit mit den Briten als Ausdruck ihres Protests. Panislamische Bewegungen hatten die indischen Muslime oft in ihren Bann gezogen, weil sie darunter litten, in Britisch-Indien unter unislamischer Herrschaft leben zu müssen. Sie schauten daher umso mehr nach Hoffnungsträgern in der islamischen Welt außerhalb Indiens. Gandhi hatte von solchen panislamischen Bestrebungen keine Ahnung, aber er hatte in Südafrika eng mit Muslimen zusammengearbeitet. Dort ging es aber auch nicht um panislamische Fragen, sondern um die Solidarität der indischen Minderheit gegenüber einer feindlichen Umwelt. Gandhi übertrug nun diese Erfahrungen recht unkritisch auf die indischen Muslime und meinte, er müsse mit ihrem Anliegen sympathisieren. Er hörte daher auch nicht auf die Warnungen Jinnahs, der die Khilafat-Agitation für eine reaktionäre Bewegung hielt, die früher oder später ein trauriges Ende nehmen müsse. Wie richtig Jinnah dies eingeschätzt hatte, zeigte sich, als die Türken 1924 selbst den Kalifen stürzten und damit die indischen Muslime ihrer Orientierung beraubten.

Gandhi hatte die beiden brennenden Fragen des Jahres 1920, den Protest gegen das von den Briten im Panjab verübte Unrecht und die Khilafat-Agitation, zunächst streng auseinander gehalten. Er wollte vermeiden, dass die Muslime den Eindruck bekamen, der Nationalkongress wolle die Khilafat-Frage nur instrumentalisieren, um gegen das Unrecht im Panjab angehen zu können. Doch schließlich konnte er die Probleme nicht mehr auseinanderhalten und empfahl die Nichtzusammenarbeit als geeignete Form des Protests gegen beide. Er nannte eine ganze Liste von konkreten Formen der Nichtzusammenarbeit, wie etwa den Boykott von Schulen und Gerichtshöfen. Nur im Nachhinein erwähnte er auch den Boykott der unter der neuen Verfassungsreform anstehenden Wahlen. Er folgte damit einer Anregung des berühmten Nationalisten aus dem Panjab, Lala Lajpatrai, der bereits verkündet hatte, dass er seine Kandidatur für diese Wahlen zurückziehe.

Der Wahlboykott erwies sich schließlich als sehr viel wichtiger für den Erfolg von Gandhis Kampagne als der Boykott von Schulen und Gerichtshöfen. Auf einem Sonderkongress, der im September 1920 in Kolkata abgehalten wurde, konnte Gandhi für sein Programm nur eine knappe Mehrheit gewinnen, doch auf dem regulären Jahreskongress, der Ende 1920 in Nagpur stattfand, konnte er einen eindeutigen Sieg verbuchen. Inzwischen waren die Wahlen abgehalten worden. Der Boykott hatte nicht überall funktioniert. Auf alle Fälle hatten aber die Politiker, die dem Nationalkongress angehörten, ihre Kandidaturen aufgegeben und mussten nun zusehen, wie ihre liberalen Rivalen die Mandate und Ministerposten errangen. Da konnten sie nicht untätig bleiben und mussten die Nichtzusammenarbeit schon deshalb unterstützen.

Im Siegesjubel auf dem Kongress von Nagpur ließ sich Gandhi dazu hinreißen, die Losung «Swaraj in einem Jahr» zu verkünden. Er hatte zunächst nur an seine konkreten Programmpunkte gedacht, bis einige Mitarbeiter ihn darauf aufmerksam machten, dass dabei von *swaraj* (Selbstregierung, Freiheit) gar nicht die Rede war. Darauf hatte er die Losung ausgegeben und dabei sogar einen Zeitpunkt genannt. Das sollte er später bereuen. Hätte die Nichtzusammenarbeit in der Tat so funktioniert, wie er es in *Hind Swaraj* skizziert hatte, und wäre die britische Herrschaft dadurch völlig paralysiert worden, dann hätte schon weniger als ein Jahr genügt. Gandhi stand jetzt auf der Höhe seines Ruhms. Der Ehrenname *Mahatma* (große Seele) war nun in aller Munde. Gandhi selbst wollte gar nicht so angeredet werden, aber seine Gefolgschaft beharrte darauf.

Bei allem Ruhm fand es Gandhi doch sehr schwierig, die Nichtzusammenarbeit so zu inszenieren, dass sie wirksam wurde. Letztlich wurde der Boykott britischer Textilien, der ursprünglich nur eine Randerscheinung war, zur spektakulärsten Form der Kampagne. Bei diesem Boykott, der zunächst im Rahmen der Khilafat-Kampagne eine Rolle spielte, stand Gandhi vor einem Dilemma. Die Muslime von Mumbai, mit denen er die besten Kontakte hatte, waren zu einem großen Teil Importeure britischer Textilien und daher kaum für einen solchen Boykott zu begeistern. Die nordindischen Muslime, geführt von ihren Schriftgelehrten, die nichts mit dem Textilhandel zu schaffen hatten, waren in dieser Hinsicht viel radikaler und forderten lautstark den Boykott. Da hatte Gandhi die gute Idee, statt beim Händler beim Verbraucher anzusetzen und zum öffentlichen Verbrennen von Kleidungsstücken aufzurufen, die aus britischem Tuch gemacht waren. Das erregte zunächst auch große Begeisterung, doch hatte das Textilfeuer mit dem Strohfeuer gemeinsam, dass es rasch abbrannte und bald den Reiz der Neuheit verlor.

Eine weit nachhaltigere Wirkung als die Elemente der Nichtzusammenarbeitskampagne hatte die Umgestaltung der Organisation des Nationalkongresses durch Gandhi. Bisher hatte es außer dem Jahreskongress lediglich die bei Bedarf öfter tagende Delegiertenversammlung des All-India Congress Committee (AICC) gegeben. Dem fügte Gandhi nun das Working Committee hinzu, das nur aus 15 Mitgliedern bestand, die vom Kongresspräsidenten ernannt wurden. Dieser Ausschuss sollte sich jederzeit rasch treffen können, um Agitationen voranzutreiben. Ferner ordnete Gandhi die Landesverbände neu. Ihre Gebiete wurden nach Sprachgrenzen definiert, denn Gandhi betonte, dass die Botschaft des Kongresses nur in der jeweiligen Landessprache der Masse der Bevölkerung vermittelt werden könne. Ferner bestimmte er, dass die Landbevölkerung in den Gremien angemessen vertreten sein müsse, damit der Kongress nicht eine Sache der städtischen Elite bliebe. Die AICC-Delegiertenkonferenz sollte in Zukunft so besetzt sein, dass ein Delegierter auf 50 000 Einwohner käme. Dadurch erhielten die bevölkerungsreichen nordindischen Provinzen mehr Gewicht als Bengalen und Maharashtra, die bisher im Kongress den Ton angegeben hatten.

Gandhi hatte aber nicht nur die Organisationsstruktur, sondern auch den sogenannten «Glaubensartikel» (creed) des Nationalkongresses geändert. Bisher war dort von «legalen und verfassungsmäßigen Mitteln» die Rede gewesen. Gandhi änderte dies in «legitime und friedvolle Mittel» um, denn Satyagraha-Kampagnen waren ihrer Natur nach nicht legal und verfassungskonform. Jinnah hatte sich dieser Änderung des Glaubensartikels widersetzt, aber er konnte gegen Gandhi nichts ausrichten. Er geriet immer mehr ins Abseits und gab sich dafür natürlich nicht selbst, sondern Gandhi die Schuld.

Gandhi nahm Jinnahs Kritik nicht so ernst wie die des großen Dichters Rabindranath Tagore, der im Frühjahr 1921 in einer Reihe von offenen Briefen Gandhis Politik verurteilte und sie destruktiv nannte. Tagore hatte große Anteilnahme an Gandhis

Wirken in Südafrika gezeigt und ihn und seine Gefolgschaft unmittelbar nach der Rückkehr in Shantiniketan aufgenommen. In der Nichtzusammenarbeitskampagne sah Tagore aber einen engherzigen Nationalismus am Werk, der im krassen Gegensatz zu seinem universalen Humanismus stand. Ein Brief, den Gandhi zu dieser Zeit an Freunde in Gujarat schrieb, war wohl ein Echo auf die Kritik des Dichters. Er schrieb: «Ich will nicht daran schuld sein, Indiens Wohlergehen auf Kosten eines anderen Landes zu erreichen. Das halte ich für wahren Patriotismus. Aber mein Patriotismus ist nicht nur weit, er ist auch eng begrenzt. Ich habe keine Interesse daran, mich für das Wohlergehen der ganzen Welt einzusetzen, ich bin nur am Wohlergehen meines eigenen Landes interessiert ...; es muss doch einen Grund dafür geben, dass ich in Indien und nicht in Europa geboren worden bin. Jeder Mensch wird als Schuldner geboren, wenn andere Menschen ihm etwas schulden, sollte er das nicht berücksichtigen ... Jeder, der lernt, seine Pflicht zu tun, wird auch zu seinem Recht kommen.» Bald darauf veröffentlichte er einen Aufsatz, in dem er sich direkt auf Tagores Kritik bezog. Er schrieb darin: « Ein Indien, das hilflos und ohnmächtig zu Füßen Europas liegt, kann der Menschheit nicht helfen. Aber ein Indien, das erwacht und frei ist, hat eine Botschaft des Friedens und des guten Willens für eine vor Schmerzen stöhnende Welt.»

Als dieser Aufsatz erschien, war die Nichtzusammenarbeitskampagne bereits nahezu im Sande verlaufen. Die Regierung hatte viele Teilnehmer an dieser Kampagne verhaften lassen, hatte es aber bewusst vermieden, Gandhi ins Gefängnis zu werfen, denn damit hätte sie der Kampagne nur neuen Auftrieb gegeben. Diesen Auftrieb erhielt sie stattdessen durch eine unkluge Entscheidung der britischen Regierung in London, die ausgerechnet den Kronprinzen Ende 1921 zu einem offiziellen Besuch nach Indien entsandte. Die Regierung Britisch-Indiens war höchst unglücklich darüber, denn sie hatte nun die Aufgabe, in Indien für Ruhe zu sorgen, solange der Prinz dort zu Gast war. Der Vizekönig Lord Reading, der keinen Sinn darin sah, weitere Druckmittel einzusetzen, wollte stattdessen eine Konferenz am Runden Tisch einberufen, zu der auch Gandhi eingeladen werden sollte. Die britischen Politiker in London waren von dieser Idee gar nicht begeistert. Winston Churchill hätte sogar lieber die Reise des Prinzen abgesagt, als Gandhi irgendwelche Zugeständnisse zu machen. Zur Vorbereitung der Konferenz wurde jedoch zunächst einmal eine Vermittlungskonferenz unter Vorsitz von Pandit Madan Mohan Malaviya veranstaltet, in der sich die indischen Politiker aller Schattierungen darüber einigen sollten, welche Forderungen sie dem Vizekönig am «Runden Tisch» vorlegen wollten. Gandhi nahm an diesen Beratungen teil, stellte aber so hohe Forderungen, dass die Konferenz daran scheiterte. Er war besorgt, dass er von seinen vielen Gefolgsleuten, die im Gefängnis saßen, für einen Verräter gehalten würde, wenn er jetzt einlenkte. Die vorübergehende Ruhe, die während der Vorkonferenz herrschte, hatte Reading aber schon die Atempause gegeben, die er für den Besuch des Kronprinzen brauchte. Danach verfolgte er seinen Plan einer «Konferenz am Runden Tisch» nicht weiter. Gandhi hatte damit eine Chance vertan, seiner Kampagne ein ehrenvolles Ende zu bereiten. Er hat das im Nachhinein wohl selbst so gesehen.

Der bengalische Kongresspolitiker Chittaranjan Das, der zu dieser Zeit im Gefängnis saß, übte bittere Kritik an Gandhi, der versäumt hatte, die günstige Gelegenheit zur Beendigung der Kampagne zu nutzen, und daher als nationaler Führer versagt habe. Die Kritik an Gandhi aus den eigenen Reihen wurde aber noch heftiger, als er schließlich die Kampagne des bürgerlichen Ungehorsams, die nun auf die Nichtzusammenarbeitskampagne folgen sollte, absagte, noch ehe sie begonnen hatte. Er tat dies aus einem Anlass, den er für schwerwiegend hielt, den andere Nationalisten aber als unwichtige Randerscheinung ansahen. In dem kleinen Dorf Chauri Chaura in Nordindien hatte eine gewalttätige Menschenmenge 21 Polizisten getötet, indem sie sie in der Polizeistation eingesperrt und diese in Brand gesetzt hatte. Warum, so fragten sich die meisten Nationalisten, sollte wegen eines solchen isolierten Gewaltausbruchs die ganze nationale Kampagne abgebrochen werden? Gandhi sah darin jedoch nicht ein isoliertes Ereignis, sondern befürchtete, dass die Kampagne nun in sporadischen Gewalttaten ausklingen werde. Mit diesen aber wussten die Briten umzugehen, und damit wäre die ganze Kampagne umsonst gewesen.

Der Vizekönig war erleichtert, als Gandhi der Kampagne ein Ende setzte, und hätte ihn gern auf freiem Fuß gelassen, doch er wurde von London aus unter Druck gesetzt, Gandhi den Prozess zu machen. So wurde Gandhi verhaftet und vor Gericht gestellt und ebenso wie seinerzeit Tilak zu sechs Jahren Zuchthaus verurteilt. Er nahm dies mit Genugtuung auf sich und verteidigte sich nicht, sondern hielt eine Rede, in der er begründete, warum er, der zuvor an das britische Weltreich als Rechtsstaat geglaubt hatte, zum Rebell geworden war. Die Verteidigung des Sokrates, die Gandhi als das Bekenntnis eines Satyagrahi bezeichnet hatte, mag ihm dabei als Vorbild gedient haben.

Gandhis Entschluss, die Kampagne aufgrund der Gewalttat in Chauri Chaura abzubrechen, ist seither ein Rätsel geblieben. Als wenige Monate zuvor die Gewalttaten der Moplahs von Kerala weit mehr Opfer forderten, hatte Gandhi dazu geschwiegen und seine Kampagne fortgesetzt. Die Moplahs waren Nachkommen arabischer Seefahrer, die sich schon im Mittelalter im Norden Keralas niedergelassen und indische Frauen geheiratet hatten. Sie hatten den Ruf, aufbrausend und rebellisch zu sein. Sie hatten auch schon in früheren Zeiten Unruhe gestiftet. Der Aufstand von 1921 war allerdings von besonderer Art. Durch die Khilafat-Bewegung inspiriert, hatte einer ihrer Anführer ein Khilafat-Königreich proklamiert. Seine Gefolgschaft hatte viele Hindus getötet und etliche mit Gewalt zum Islam bekehrt. Hätte Gandhi dies zum Anlass genommen, die Kampagne einzustellen, dann hätte das seine Khilafat-Gefolgschaft nicht verstanden, die ihm nur gehorchte, weil er ihren Interessen diente, aber nicht unbedingt von seinem Ideal der Gewaltfreiheit überzeugt war. Die blutige Unterdrückung des Moplah-Aufstands durch die Regierungstruppen hatte Gandhi aber auch erneut vor Augen geführt, dass – wie einst beim Zulu-Aufstand – Gewalt nur noch brutalere Gegengewalt erzeugt. Bei der Untat in Chauri Chaura kam erschwerend hinzu, dass es sich hier um einen Mord an Polizisten handelte, und der wurde von der Obrigkeit immer am härtesten geahndet. Es war also eine Spirale von Gewalt und Gegengewalt zu erwarten. Hätte die Nichtzusammenarbeitskampagne mit einem solchen Blutbad geendet, so wäre kaum daran zu denken gewesen, dergleichen später erneut zu wagen. So gesehen handelte Gandhi richtig, als er die Kampagne abbrach, obwohl er viele seiner Mitstreiter damit vor den Kopf stieß.

3. Die Botschaft des Spinnrads

Gandhi musste nicht die vollen sechs Jahre, zu denen er verurteilt worden war, im Zuchthaus verbringen. Er wurde schon im Frühjahr 1924 entlassen. Es gab dafür einen guten Grund. Im Januar 1924 hatte zum ersten Mal die Labour Party in Großbritannien eine Regierung gebildet, und diese Partei sympathisierte mit Gandhi. Die Regierung Britisch-Indiens befürchtete nun, aus London die Anweisung zu bekommen, Gandhi zu entlassen – und das hätte einen Prestigeverlust bedeutet. Da traf es sich günstig, dass Gandhi an einer Blinddarmentzündung erkrankte und im Zuchthaus operiert werden musste. So konnte man Gandhi aus medizinischen Gründen entlassen und kam damit eventuellen Anweisungen aus London zuvor.

Die politische Atmosphäre, die zur Zeit der unvorhergesehenen Entlassung Gandhis herrschte, war ihm zuwider. Die Mehrheit der Politiker im Nationalkongress hatte es auf einen Erfolg bei den nächsten Wahlen abgesehen. Diesen Kurswechsel billigte Gandhi nicht. Als er Ende 1924 zum Kongresspräsidenten gewählt wurde, versuchte er auf ungewöhnliche Weise, die Parteidisziplin in seinem Sinne wiederherzustellen. Dabei sollte ihm das Spinnrad behilflich sein.

Bereits in seinem Manifest *Hind Swaraj* hatte Gandhi das Spinnrad als ein Mittel empfohlen, mit dem die ländliche Arbeitslosigkeit bekämpft werden könne. Er hatte später eingestanden, dass er damals so wenig darüber wusste, dass er sogar die Gujarati-Worte für Spinnrad (*charkha*) und Webstuhl (*kargha*) miteinander verwechselt habe. Doch während des Boykotts der britischen Textilien war ihm der Gedanke gekommen, ein positives Zeichen zu setzen und selbst mit dem Spinnen zu

Abb. 3: Gandhi beim Spinnen von Baumwolle in Ahmedabad, ca. 1931.

beginnen. Er ließ sich ein tragbares Spinnrad anfertigen, das zu seinem ständigen Begleiter wurde. Auch hatte er geschworen, in Zukunft selbst nur noch handgesponnenes und handgewebtes Tuch zu tragen. Er empfahl dies auch allen anderen Indern. Auf einer Eisenbahnreise im September 1921 war er darüber in einen Disput mit einem Arbeiter geraten, der ihn darauf hinwies, dass solches Tuch für arme Leute viel zu teuer sei. Darauf hatte Gandhi seine Kleidung auf ein Minimum beschränkt, um diesem Argument zu begegnen. Das berühmte «Lendentuch», mit dem er von nun an überall erschien, hatte so seinen Ursprung. Er blieb damit allerdings allein, niemand tat es ihm nach. Aber die handgesponnene und handgewebte Kleidung wurde geradezu zu einer Parteiuniform der Mitglieder des Nationalkongresses. Dazu gehörte auch das weiße Baumwollkäppchen, das Gandhi selbst nur kurze Zeit getragen hatte. Er zog es vor, barhäuptig zu erscheinen, aber alle anderen Kongressmitglieder trugen es stets.

Im Zuchthaus hatte Gandhi sogar Verbrecher zum Spinnen angehalten. Einer von ihnen entwickelte dabei ein solches Geschick, dass Gandhi ihn darum geradezu beneidete. Er gestand ein, dass er selbst ein mäßiger Spinner war. Daher wusste er aber auch einzuschätzen, was er den Kongressmitgliedern zumuten konnte, als er nun bestimmte, dass sie ihren Mitgliedsbeitrag künftig in Form von selbstgesponnenem Garn zu entrichten hätten. Auf diese Weise wollte er nicht nur die Botschaft des Spinnrades verbreiten, sondern auch den Kongress von solchen Mitgliedern befreien, die ihm nur aus opportunistischen Gründen beigetreten waren. Diese ungewöhnliche Weise der Herstellung der Parteidisziplin wurde freilich von vielen Kongressmitgliedern buchstäblich als «Spinnerei» abgetan. Gandhi hatte einen schweren Stand.

Als Gandhi aus der Gefangenschaft entlassen worden war, wurde er automatisch zum Führer jenes Flügels des Kongresses, der sich gegen eine Rückkehr zur konstitutionellen Politik wandte, wie sie von der «Swaraj Party», die sich 1922 innerhalb des Kongresses gebildet hatte, befürwortet wurde. Gandhi wollte diese Partei als Minderheit im Kongress dulden, sie aber zugleich von den Ämtern in der Kongressorganisation ausschließen und durch die Einführung des Garnbeitrags in die Enge treiben. Er musste aber erleben, dass der Kongress ihn nur mit sehr knapper Mehrheit unterstützte, und brach auf der betreffenden Sitzung in Tränen aus. Er schien nun wieder dort angelangt zu sein, wo er schon einmal vor dem Sonderkongress vom September 1920 gewesen war, als er um die Unterstützung seines Programms bangen musste. Er wollte aber auch nicht zu einer Spaltung des Nationalkongresses beitragen und kapitulierte daher schließlich vor der «Swaraj Party». In einem Abkommen, das er mit den beiden Führern dieser Partei, Chittaranjan Das und Motilal Nehru, traf, erklärte er sich bereit, auf jede Form der Nichtzusammenarbeit zu verzichten, auch gestand er den Kongressmitgliedern zu, dass sie ihren Mitgliedsbeitrag mit käuflich erworbenem Garn entrichten konnten, wenn sie es nicht selbst spinnen konnten oder wollten. Mit dieser Kapitulation hatte Gandhi zwar jene Gefolgsleute, die am alten Programm festhalten wollten, arg enttäuscht, war dafür aber Chittaranjan Das nahe gekommen, den er bald darauf in Bengalen besuchte.

Da Gandhi kein Bengali sprechen konnte, verließ er sich dort auf die «Sprache der Hände», das heißt, er spann auf allen politischen Versammlungen, zu denen er Chittaranjan Das begleitete. Bisher hatte er das nur gelegentlich getan, jetzt wurde es zu einem ständigen Ritual. Chittaranjan Das, der so ungeschickt war, dass er nicht einmal ein Schloss ohne fremde Hilfe aufschließen konnte, versuchte dennoch, das Spinnrad zu drehen, nur um Gandhi entgegenzukommen. Als der große Bengale wenige Monate später starb, trauerte Gandhi sehr über diesen Verlust, ja er sagte dazu, dass dieser Verlust noch schwerer wog als der Tod Tilaks im August 1920. Er begründete das damit, dass die Nation zur Zeit von Tilaks Tod vor dem Beginn einer großen Kampagne gestanden habe, jetzt aber hilflos und gespalten sei und daher Führer wie Das umso nötiger brauche. Ferner sagte er aber auch, dass er bei Tilaks Tod das Gefühl gehabt habe, dass er nun viele Politiker je einzeln überzeugen musste, statt nur einen großen Führer für sein Anliegen zu gewinnen, der dann seine Gefolgschaft mitbrächte. Dieses Gefühl habe er nun beim Tode von Chittaranjan Das wieder. Wäre Gandhi ein Politiker der üblichen Art gewesen, so wäre er beim Tod eines mächtigen Rivalen erleichtert gewesen. Aber Gandhi arbeitete gern mit starken, eigenwilligen Persönlichkeiten zusammen, statt sich mit vielen mittelmäßigen Politikern herumzuschlagen, die nur ihre kleinen Eitelkeiten kultivierten und ständig miteinander stritten.

Nachdem Das gestorben war, blieb Gandhi eine Weile in Bengalen, um die Nachfolgefrage zu klären. Das hatte viele Ämter innegehabt, er war Präsident der Swaraj Party, Vorsitzender des Kongresslandesverbandes Bengalen, Fraktionsvorsitzender der Swaraj Party im Landtag von Bengalen und schließlich auch noch Oberbürgermeister von Kolkata. Die Präsidentschaft der Swaraj Party übernahm Motilal Nehru, die verschiedenen bengalischen Ämter gingen an J. M. Sengupta. Über dessen Übernahme des Amtes des Oberbürgermeisters von Kolkata aber gab es Streit. Sengupta war von außen nach Kolkata gekommen und hatte dort bisher keinen Einfluss gehabt, während Sarat Chandra Bose als geeigneter Kandidat für dieses wichtige Amt erschien. Gandhi, den diese Angelegenheit eigentlich nichts anging, schaltete sich zugunsten Senguptas ein und hielt dazu sogar eine Rede in der Stadtverordnetenversammlung von Kolkata. Er hatte dafür gute Gründe. Senguptas andere Ämter gewährten ihm kaum Macht und Einfluss, allein als Oberbürgermeister verfügte er über Geld und Patronage. Chittaranjan Das hatte diese Position nach Kräften genutzt. Sengupta galt als Gandhianer, und Gandhi unterstützte ihn so gut er konnte. Er hatte damit Erfolg: Sengupta wurde Oberbürgermeister.

Kurz vor seinem Tode hatte Das mit Gandhis Segen eine wichtige politische Initiative begonnen. Nach Jahren einer Politik, die den paradoxen Namen «Nichtzusammenarbeit im Landtag» trug, hatte Das der Regierung die volle Zusammenarbeit angeboten. Die bisherige Politik hatte bedeutet, dass man sich zwar in den Landtag wählen ließ und sein Mandat wahrnahm, aber es nur dazu nutzte, wenn möglich die Landesregierung zu Fall zu bringen. Das war auf die Dauer recht unbefriedigend, deshalb hatte Das nun dieses Angebot gemacht. Doch der konservative Indienminister Lord Birkenhead ging darauf gar nicht ein, sondern entgegnete, die Inder sollten sich erst einmal auf einen Verfassungsentwurf für die bevorstehende nächste Runde der Verfassungsreform einigen. Diese Herausforderung erforderte eine Antwort. Eine neue Kampagne der Nichtzusammenarbeit erschien zu dieser Zeit unmöglich, deshalb beschloss Gandhi, die Swaraj Party voll und ganz zu unterstützen. Er wollte sogar als Kongresspräsident zurücktreten, damit Motilal Nehru diesen Posten übernehmen könne. Auch bot er an, den Garnbeitrag zu streichen und zum alten Mitgliedsbeitrag des Kongresses zurückzukehren. Nehru nahm diese zweite Kapitulation Gandhis dankbar an, bat ihn aber, Kongresspräsident zu bleiben. Gandhis Verzicht auf den Garnbeitrag kam zur rechten Zeit. Viele Kongressmitglieder hatten ihn umgangen und sich über diese Forderung Gandhis mokiert, die auf diese

Weise das Spinnrad eher in Verruf brachte, als seine Botschaft zu fördern. Gandhi war nun des politischen Gezänks überdrüssig und legte das Amt des Kongresspräsidenten zu Jahresende in die Hände der Dichterin Sarojini Naidu. Er kündigte an, das Jahr 1926 werde für ihn ein Jahr der Stille sein, das er im Sabarmati-Ashram zu verbringen gedenke.

Nach diesem Jahr des freiwilligen Hausarrests unternahm Gandhi eine große Indienreise, die der Verbreitung der Botschaft des Spinnrads dienen sollte. Er überanstrengte sich dabei und erlitt einen Herzanfall, der ihn monatelang bettlägerig machte. Gandhi war in der Mitte der 1920er Jahre oft krank. Das hatte wohl auch psychosomatische Gründe. Er wusste, dass man ihn jetzt für einen Mann der Vergangenheit hielt, der keine politische Zukunft mehr hatte. Er vertraute sehr auf seine Gelübde, die ihm spirituelle Macht verleihen sollten, aber in dieser Beziehung war er enttäuscht worden. Er hatte im Hause seines alten muslimischen Kameraden Mohammed Ali ein Fasten abgehalten, um die Beziehungen zwischen Hindus und Muslims zu verbessern, doch diese Beziehungen hatten sich danach weiter verschlechtert. Erst der Erfolg der Bardoli-Kampagne machte Gandhi wieder Mut – und danach besserte sich auch sein Gesundheitszustand.

4. Die Bedeutung der Steuerverweigerungskampagne in Bardoli

Im Bezirk Bardoli in Gujarat hatte im Februar 1922 die Kampagne des bürgerlichen Ungehorsams beginnen sollen, die Gandhi dann abgesagt hatte. Bardoli war damals ausgewählt worden, weil hier viele Gefolgsleute Gandhis wohnten, die schon in Südafrika mit ihm zusammengearbeitet hatten. Es gab in diesem Bezirk keinen Großgrundbesitz, die Durchschnittsbesitzgröße war rund drei Hektar. Die Grundbesitzer waren meist Patidars oder Anavil-Brahmanen. Die Patidars sind eine Bauernkaste, die oft die Dorfschulzen stellte, die man als *patel* bezeichnete. Diese Bezeichnung wurde auch zum Familiennamen. Die Anavil-Brahmanen sind eine auf Gujarat beschränkte Brahmanenkaste. Bei ihnen kommt häufig der Familienname Desai vor. Ein *desai* ist eine Art Landrat. Zwei der engsten Mitarbeiter Gandhis, Vallabhbhai Patel, ein Patidar, und Mahadev Desai, ein Anavil-Brahmane, sollten bei der jetzt anstehenden Kampagne in Bardoli führende Rollen spielen.

Es gab hier sehr deutliche soziale Unterschiede zwischen den hellhäutigen Kastenhindus und den dunkelhäutigen Unberührbaren und Stammesangehörigen, die *kaliparaj* (die Schwarzen) genannt wurden. Gandhi nannte die *kaliparaj raniparaj* (Waldleute), und einige seiner Gefolgsleute hatten sich ihrer angenommen. Diese «Waldleute» hatten ihre eigenen religiösen Führer, und da Gandhi so ähnlich aussah wie diese, konnte man die «Waldleute» davon überzeugen, dass auch er ein Bote der großen Göttin sei, die sie verehrten.

Es gab in diesem Bezirk mehrere Ashrams, die von Gandhis Gefolgsleuten gegründet worden waren. Sie bildeten die soziale Infrastruktur für die Steuerverweigerungskampagne, die durch eine ungeschickte Neuveranlagung ausgelöst wurde, für die ein indischer Steuerbeamter verantwortlich war. Solche Veranlagungen wurden alle 30 Jahre durchgeführt, und zwar unter Maßgabe der Durchschnittswerte der Preise der letzten zehn Jahre. Diese waren in diesem Fall durch die Preissteigerungen der Kriegsjahre beeinflusst worden, und so kam der Steuerbeamte zu dem Schluss, dass eine 30prozentige Grundsteuererhöhung gerechtfertigt sei. Nun hatte es zuvor schon hitzige Debatten im Landtag in Mumbai gegeben. Dort war gefordert worden, solche Erhöhungen sollten sich im Höchstfall auf 25 Prozent des Reinerlöses aus der Landwirtschaft beschränken. So wollte man den willkürlichen Entscheidungen der Steuerbeamten einen Riegel vorschieben, die niemals vor Gericht in Zweifel gezogen werden durften. Aber die Regierung lehnte eine solche Begrenzung ab. Sie wollte auch nichts vom Reinerlös hören, sondern sich an die alte Regel von der Hälfte der Pachtsumme halten. Wo es keine Pachtverhältnisse gab, bezog man sich stattdessen auf die Preise. Nach den Lehren der britischen Ökonomie reflektierte die Pachtsumme die Preise, während angeblich die Pacht keinen Einfluss auf die Höhe der

Preise hatte. Die Provinzregierung hatte zunächst einmal die 30prozentige Erhöhung gebilligt und sie schließlich aufgrund heftiger Kritik auf 22 Prozent ermäßigt, ohne jedoch irgendeine Bemessungsgrundlage dafür zu nennen, weil sie sehr wohl wusste, dass solche Veranlagungen willkürlich waren. Die Bauern von Bardoli und die Landtagsabgeordneten in Mumbai wollten sich damit aber nicht zufriedengeben und forderten die Einsetzung einer Untersuchungskommission. Doch auch das wurde von der Regierung verweigert.

Die Behörden befanden sich nun in einer prekären Lage. Steuerverweigerung sowie die Aufforderung dazu konnten nicht strafrechtlich verfolgt werden. Das einzige Mittel, das der Regierung blieb, war die Zwangsversteigerung des Landes von Steuerschuldnern. Das funktionierte in Einzelfällen, war aber kaum durchführbar, wenn die Bauern gemeinsame Sache machten und sich daher auch niemand fand, der bei einer Auktion als Käufer auftrat. Die Behörden konnten eigentlich nur hoffen, dass es zu gewaltsamen Ausschreitungen kam, um dann mit den üblichen Mitteln jeden Widerstand zu brechen. Für Gandhi war das geradezu ein Testfall für den gewaltfreien Widerstand, für die Regierung aber standen ihr Ansehen und ihre Autorität auf dem Spiel.

Als die Kampagne begann, brach Gandhi an seinem Spinnrad zusammen, und Vallabhbhai Patel übernahm die Leitung. Er suchte Gandhi mit einer Bauerndelegation auf, um sich Rat zu holen. Die Bauern wollten die alten Steuerraten weiterzahlen und sich lediglich der Erhöhung widersetzen. Gandhi, der wusste, dass die rechtlichen Konsequenzen bei völliger und teilweiser Steuerverweigerung dieselben waren, riet zur völligen Verweigerung. So geschah es. Patel erwies sich als vorzüglicher Organisator und leitete die Kampagne geradezu generalstabsmäßig. Es gab sogar eine Kampagnenzeitung, die in einer Auflage von 15 000 unter den Bauern zirkulierte.

Die Regierung ordnete einige Zwangsversteigerungen an und ließ auch das Vieh der Steuerverweigerer beschlagnahmen. Die Bauern blieben standhaft und gewaltfrei und ließen sich durch nichts provozieren. In seinen anfänglichen Kommentaren zur

Kampagne betonte Gandhi, sie sei von rein lokaler Bedeutung, außerdem sei sie rein ökonomischer und keineswegs politischer Natur. Patel versuchte, die Regierung dazu zu bewegen, einen Schiedsspruch zu akzeptieren, doch die blieb hart und nahm es sogar in Kauf, dass etliche Landtagsabgeordnete ihre Mandate aufgaben und sogar ein Minister zurücktrat. Nun verkündete Patel, Bardoli sei nicht nur ein lokales, sondern auch ein nationales Anliegen, und damit war nun die Zentralregierung angesprochen. Der Vizekönig Lord Irwin zitierte den Gouverneur von Mumbai, Leslie Wilson, nach Simla, weil der Anstalten gemacht hatte, Truppen anzufordern, um den Widerstand der Bauern zu brechen. Auf dem Rückweg von Simla traf Wilson Patel in Surat und verhandelte mit ihm über die Einsetzung einer Untersuchungskommission, verlangte aber vorab, dass die Bauern die erhöhte Steuer zahlen sollten, würde sie später ermäßigt werden, so werde der überschüssige Betrag den Bauern gutgeschrieben. Es gab jedoch Differenzen über die Rückgabe bereits konfiszierten Landes, und die Verhandlungen wurden abgebrochen. Ein reicher Bürger Mumbais erklärte sich dann bereit, der Regierung die gesamte Steuerschuld der Bauern von Bardoli vorzustrecken. Das ermöglichte es Wilson, auf Patels Bedingungen einzugehen. Das konfiszierte Land wurde zurückgegeben, und eine Untersuchungskommission, bestehend aus einem britischen Richter und einem Steuerbeamten, wurde eingesetzt.

Gandhi, Patel und die Bauern konnten einen Sieg verbuchen. Der Bericht der Untersuchungskommission verschaffte ihnen zusätzliche Genugtuung. Nach gründlichen Berechnungen kam die Kommission zu dem Schluss, dass nur eine sechsprozentige Steuererhöhung gerechtfertigt sei. Gandhi legte seinen Finger auf die Wunde der Regierung, als er betonte, dass dies nun wohl zu einer grundsätzlichen Überprüfung der indischen Grundsteuerveranlagungen führen müsse. Die Regierung war so demoralisiert, dass sie es jetzt noch nicht einmal wagte, die sechsprozentige Erhöhung einzuführen. Man blieb bei den alten Steuersätzen. Gandhi rieb noch mehr Salz in die Wunde der Regierung, als er in einem Aufsatz schrieb, dass der Sieg in Bardoli den empfindlichsten Nerv der Briten getroffen habe, weil es hier um ihre Einkünfte gehe: «Niemand regiert ein fremdes Land nur zum Vergnügen, die Briten ganz bestimmt nicht.» Lord Irwin war sich ebenfalls dessen bewußt, dass die Herausforderung in Bardoli geradezu den Bestand der britischen Herrschaft in Indien betraf. Er berief eine Konferenz aller Beamten ein, die in den Provinzen für die Grundsteuer zuständig waren. In seiner Ansprache an sie sagte er: «Ich glaube, die Sache in Bardoli war die schwierigste und gefährlichste Angelegenheit, mit der ich es seit meinem Eintreffen hier zu tun gehabt habe. Ich traue mich nicht, zu behaupten, dass wir schon absehen können, welche Nachwirkungen dies noch haben wird.»

Für Gandhi war der Sieg über die Steuerbehörde nicht einmal der wichtigste Aspekt der erfolgreichen Kampagne von Bardoli. Er freute sich weit mehr über den gewaltfreien Widerstand und schrieb darüber: «Vor dem Sieg in Bardoli schien die Nation den Glauben an friedvolle Methoden verloren zu haben. Nach diesem Sieg scheint sie diesen Glauben widergefunden zu haben.» Aber sein Optimismus wurde durch eine gewisse Skepsis getrübt. Er wusste, dass die Bardoli-Kampagne kaum irgendwo anders in Indien nachgeahmt werden konnte, und schrieb: «Wie viele Bardolis stehen heute in Indien bereit? Bardoli brauchte sieben Jahre stiller Vorbereitung für diesen begrenzten Satyagraha zur Überwindung seiner Schwierigkeiten. Es ist fraglich, ob selbst Bardoli bereit wäre, sich für die Freiheit Indiens aufzuopfern.»

Rabindranath Tagore, der Kritik an Gandhis Nichtzusammenarbeitskampagne geübt hatte, war von dem Erfolg in Bardoli zutiefst beeindruckt, da er für ihn einen moralischen Sieg über die Kräfte willkürlicher Unterdrückung bedeutete. Er besuchte Gandhi in jenen Tagen, und sie kamen sich näher als je zuvor.

Der Erfolg in Bardoli beeinflusste auch Gandhis Leben im Sabarmati-Ashram. Er führte den Erfolg auf die im Ashram geübte Disziplin zurück und schrieb an Motilal Nehru: «Ich weiß nicht, ob Ihnen bewusst ist, dass Bardoli nur möglich war, weil es den Ashram gibt. Die meisten Leute, die in Bardoli mitgewirkt haben, verdanken ihre Vorbereitung entweder direkt oder indirekt dem Ashram. Wenn ich aus dem Ashram nur das machen könnte, was mir vorschwebt, dann könnte ich einen viel größeren Kampf wagen.»

Gandhi setzte sich nun das ehrgeizige Ziel, die Disziplin im Ashram zu verbessern. Dabei spielte ein trauriger Verlust eine Rolle: Gandhis Neffe Maganlal Gandhi, der ihn schon in Südafrika unterstützt hatte und bis zu seinem Tod im April 1928 Manager des Sabarmati-Ashrams gewesen war, ließ sich nicht leicht ersetzen. So nahm sich Gandhi persönlich der Sache an und überspannte dabei den Bogen. Er mutete den Mitgliedern zu, vieles auf sich zu nehmen, was ihnen zuwider war. An sexuelle Abstinenz waren sie bereits gewöhnt, nun sollten sie auch nicht mehr für jede Familie nach eigenem Geschmack kochen, sondern nur noch ungewürzte Speisen essen, die in einer gemeinsamen Küche zubereitet wurden. Auch wurde es niemandem erlaubt, private Ersparnisse aufzubewahren. Das war schon immer die Regel gewesen, aber sie wurde nicht streng überprüft. Das geschah nun, und Gandhi fand heraus, dass selbst sein treuer Mahadev Desai 4000 Rupien erspartes Geld aufbewahrte, die ihm natürlich prompt abgenommen wurden. Gandhi setzte auch durch, dass die Arbeiter, die für Lohn im Ashram arbeiteten und nicht zu den Mitgliedern gehörten, entlassen wurden und ihre Arbeit nun von den Mitgliedern zu leisten war. Der Ashram war immerhin ein bedeutsames Wirtschaftsunternehmen, er besaß rund 70 Hektar Land, die bewirtschaftet werden mussten. Auch gab es eine Weberei und eine Gerberei. Gandhi legte selbst mit Hand an und schnitt Gemüse in der gemeinsamen Küche. Unter den 277 Mitgliedern des Ashrams waren auch 66 Frauen und 78 Kinder. Die Frauen waren meist nur deshalb dort, weil ihre Männer es so wollten. Sie fügten sich nur ungern der neuen Disziplin. Sogar Maganlals Witwe und ihre Kinder zogen nach einem Streit mit Gandhi aus, und er musste ihr eine Rente zahlen. Auch Kasturba Gandhi, die treue und geduldige Ehefrau des Mahatma, zeigte Zeichen des Widerstands, wie Gandhi mit Bedauern bemerkte. Schließlich gab Gandhi auf, zog sich aus dem Management des Ashrams zurück und überließ es Mahadev Desai, sich mit den Mitarbeitern herumzuschlagen. Trotzig sagte er, der Ashram sei nur noch ein reines Wirtschaftsunternehmen und verdiene die Bezeichnung «Satyagraha Ashram» nicht mehr, diesen Ehrentitel müsse er sich erst wieder verdienen.

In diesen Tagen, in denen Gandhi an seinem eigenen Ashram zweifelte, stattete er dem Ashram im ferner Wardha einen Besuch ab, den sein Gefolgsmann Vinoba Bhave aufgebaut hatte. Dort war alles im Vergleich zu den Wirren und Streitigkeiten im Sabarmati-Ashram geradezu harmonisch und friedlich. Offenbar verstand es Vinoba, auf zwanglosere Weise Disziplin zu halten. Wenige Jahre später sollte Gandhi völlig nach Wardha umziehen – aber dazwischen lag noch die aufregende Zeit seiner größten Kampagne, zu der er vom Sabarmati-Ashram aus aufbrach.

V. Vom Salzmarsch zum Runden Tisch

1. Die symbolische Revolution

Gandhis nächste Kampagne sollte eine symbolische Revolution sein, die sorgfältig inszeniert werden musste, um jedes Abgleiten in Gewalt zu verhüten. Dazu musste ein geeigneter Anlass gegeben sein. Im Jahre 1929 erreichte der Verfassungskonflikt einen Höhepunkt. Eine Konferenz aller indischen Parteien hatte 1928 unter dem Vorsitz von Motilal Nehru einen Vorschlag ausgearbeitet, den die Briten jedoch zu den Akten legten. Sie hatten unter Vorsitz von Sir John Simon eine eigene Verfassungskommission nach Indien entsandt, der auch der spätere Premierminister Attlee angehörte. Da diese Kommission nur aus britischen Parlamentsmitgliedern bestand und Inder an ihr überhaupt nicht beteiligt waren, wurde sie überall in Indien mit schwarzen Fahnen und dem Ruf «Simon go home» empfangen. Der Vizekönig Lord Irwin, der diese Konfrontation bedauerte und sich ernsthaft um eine Einbeziehung der Inder in die Vorbereitung der Verfassungsreform bemühte, schlug nun eine Konferenz am «Runden Tisch» in London vor. Die Labour Party bildete 1929 wieder einmal eine Regierung. Ihr Premierminister Ramsay Macdonald galt als alter Freund Indiens. Die Bedingungen für einen Neubeginn der Verhandlungen schienen gut zu sein.

Inzwischen hatte die junge Garde im Nationalkongress, geführt von Motilal Nehrus Sohn Jawaharlal und dem neuen Star Bengalens, Subhas Chandra Bose, beim Jahreskongress von 1928 eine Resolution eingebracht, die die sofortige Unabhängigkeit Indiens forderte. Gandhi hatte um ein Jahr Aufschub gebeten, und Irwin fuhr nach London, um mit der britischen Regierung über eine Erklärung zu verhandeln, die den indischen Hoffnungen gerecht wurde. Doch schließlich wurde ihm nur eine sehr unzureichende Erklärung mit auf den Weg gegeben.

Zudem hatten die Berichte über die Debatten im Parlament in Indien böses Blut geschaffen. In der Konservativen Partei hatte man sich heftig um die Zugeständnisse gestritten, die Indien gemacht werden sollten. Winston Churchill spielte dabei eine führende Rolle. Er wollte den Verfassungsfortschritt in Indien auf ein Minimum beschränken, dabei ging es ihm nicht nur um Indien, sondern auch darum, seinem Parteichef Stanley Baldwin eins auszuwischen, der Irwin, der ebenfalls der Konservativen Partei angehörte, bei seinen Bemühungen unterstützte. Da Irwin praktisch mit leeren Händen zurückkehrte, verabschiedete der Kongress, dessen Präsident jetzt Jawaharlal Nehru war, die Unabhängigkeitsresolution und beauftragte Gandhi mit der Durchführung einer entsprechenden Kampagne.

Jawaharlal Nehru war von Gandhi empfohlen worden, weil er sich von seiner Präsidentschaft eine Einbindung der jungen Generation in die Politik des Nationalkongresses erhoffte. Nehru hatte in England studiert und war 1915 von dort zurückgekehrt. Er wurde bald zum eifrigen Gefolgsmann Gandhis, war aber 1927 in Meinungsverschiedenheiten mit ihm geraten, als er nach dem Besuch des Kongresses der unterdrückten Völker in Brüssel und einer anschließenden Tour durch die Sowjetunion als überzeugter Marxist nach Indien zurückgekehrt war. Gandhi hatte ihn daraufhin sogar aufgefordert, doch eine eigene Partei zu gründen, um seine Ideen zu vertreten, aber den Nationalkongress nicht damit zu behelligen. Nehru hatte schnell eingelenkt, weil er einsah, dass er auf sich gestellt und gar als Gegenspieler Gandhis nichts erreichen konnte. Gandhi hatte den Streit schnell beigelegt und den «verlorenen Sohn» nicht nur wieder begrüßt, sondern nach Kräften gefördert. Es sollte auch in Zukunft noch oft zu Meinungsverschiedenheiten kommen, aber Nehru fügte sich letztlich immer Gandhis Entscheidungen.

Gandhis erster Schritt auf dem Weg zur neuen Kampagne bestand darin, den 26. Januar 1930 zum «Unabhängigkeitstag» zu erklären. An diesem Tag trat 22 Jahre später die Verfassung Indiens in Kraft, und er wird heute noch immer als «Tag der Republik» gefeiert. Am 26. Januar 1930 geschah aber zunächst nichts. Gandhi verkündete dann einen Katalog von elf Punkten. Er nannte ihn die «Substanz der Unabhängigkeit». Hätten die Briten diese Punkte bewilligt, dann wäre ihre Herrschaft in Indien am Ende gewesen. Scharfe Kommentare in London machten dies deutlich. Aber die Nehrus, Vater und Sohn, waren zunächst einmal völlig ratlos, als sie diesen Katalog lasen, der ein Sammelsurium von Forderungen enthielt, die auf dem ersten Blick nichts miteinander zu tun hatten.

Gandhi hatte aber in der Tat sehr geschickt Punkte zusammengestellt, die die Interessen verschiedener Schichten der indischen Bevölkerung betrafen. Er hatte inzwischen auch seine Kenntnisse der Volkswirtschaft vertieft. So betraf einer seiner Punkte die Abwertung der Rupie von 1 shilling 6 pence auf 1 shilling 4 pence, ein weiterer die Reduktion der Grundsteuer um 50 Prozent sowie eine rechtlich überprüfbare Definition der Grundsteuerbemessung. Auch der Militärhaushalt und die Gehälter der Beamten sollten halbiert werden. Die Salzsteuer sollte ganz abgeschafft werden, importierte Textilien sollten mit einem Schutzzoll besteuert werden, alle politischen Gefangenen sollten entlassen werden, und schließlich sollte auch das Gesetz geändert werden, das allen Indern den Besitz von Waffen untersagte.

Die Frage der Reduktion des Wechselkurses hatte die indische Geschäftswelt bereits seit einiger Zeit beschäftigt. Der hohe Kurs begünstigte Importe und erschwerte Exporte und wurde im Interesse der britischen Gläubiger verteidigt. Die Punkte, die die Grundsteuer betrafen, ergaben sich aus der Kampagne von Bardoli. Die Kürzung des Militärhaushalts und der Beamtengehälter hätte eine Indisierung des Offizierkorps und der höheren Beamtenschaft erzwungen, weil es unmöglich gewesen wäre, weiterhin Briten für diese Posten zu rekrutieren. Der Schutzzoll auf Textilien war gerade zu dieser Zeit besonders wichtig geworden, weil die indische Textilindustrie von der ausländischen Konkurrenz sehr bedrängt wurde. Die Salzsteuer drückte die Armen am meisten. Das heiße indische Klima erfordert erhöhte Salzaufnahme, selbst jemand, der in jeder anderen Hinsicht Selbstversorger ist, muss Salz kaufen. Die Salzherstellung war ein Regierungsmonopol. Der merkwürdigste Punkt war der, der den Waffenbesitz betraf. Warum sollte sich gerade Gandhi dafür einsetzen? Die Briten hatten wie noch keine anderen Herrscher Indiens zuvor eine Entwaffnung der ganzen Bevölkerung erreicht. Daher war der gewaltfreie Widerstand alles, was den Indern übrig blieb, er war keine freiwillige Option von Bewaffneten. Aus diesem Grund wollte Gandhi das Waffentragen zulassen, wusste aber auch genau, dass die Briten gerade diesen Punkt nie zugestehen würden.

Gandhi grübelte nun darüber nach, welchen Ansatzpunkt er für seine neue Kampagne finden konnte. Schließlich entschied er sich für einen Protest gegen die Salzsteuer. Doch der Entschluss brauchte einige Zeit. Noch Ende Februar 1930 trat er Gerüchten entgegen, dass er die Salzsteuer zum Gegenstand der Kampagne machen wolle. Er sagte, dass die, die solche Gerüchte verbreiteten, offenbar nicht wüssten, wie schwierig es sei, gegen die Salzsteuer anzugehen. Diese Steuer war im Einzelhandelspreis inbegriffen, man hätte also ganz auf Salz verzichten müssen, und das war nicht möglich. Die Gerüchte hatten aber auch dazu geführt, dass Gandhi nützliche Informationen von unerwarteter Seite erhielt. So schrieb ihm ein pensionierter Beamter der Salzbehörde, dass es leicht sei, am Strand Salz aufzulesen, und riet ihm, das mit einer Schar Freiwilliger zu tun. Gandhi nahm diesen Rat begeistert auf, natürlich ging es ihm nicht darum, einfach nur Salz aufzulesen, sondern damit das Gesetz zu brechen.

Das Salzmonopol der Regierung war geradezu eine ideale Zielscheibe für Gandhi. Er traf dabei keinerlei indische Interessen, sondern ausschließlich die Regierung. Außerdem war der Protest gegen die Salzsteuer für die Massen verständlich, und jeder konnte die Aktion des Salzauflesens oder Salzsiedens leicht nachahmen. Gandhi organisierte einen «Salzmarsch», der ihn mit einer sorgfältig ausgewählten Gefolgschaft vom Sabarmati-Ashram quer durch Gujarat zum Strand von Dandi führte, wo er sich durch das Auflesen eines Salzkorns strafbar machte. Diesmal ließ ihn die Regierung nicht auf freiem Fuß, sondern verhaftete ihn bald nach dieser «Straftat». Tausende folgten ihm, und die Gefängnisse füllten sich zum Bersten. Natürlich ging auch bei dieser Kampagne der Reiz der Neuheit bald verloren, doch da kam ein anderer Umstand Gandhi zu Hilfe, mit dem er gar nicht gerechnet hatte. Unter dem Einfluss der Weltwirtschaftskrise fielen die Agrarpreise um die Hälfte, dabei ging es nicht nur um Weizen und Reis, die auf dem Weltmarkt gehandelt wurden, sondern auch um die bescheidenen Hirsearten, die nur in Indien angebaut wurden. Hätten die indischen Bauern nur für den eigenen Bedarf produziert, dann hätte sie dieser Preisverfall nicht betroffen, doch sie mussten Grundsteuer zahlen und Zinsen an die Geldleiher, bei denen sie verschuldet waren. Sie waren daher leicht dafür zu gewinnen, sich Steuer- und Pachtverweigerungskampagnen anzuschließen, die die Kongressmitglieder, die noch nicht im Gefängnis gelandet oder bereits wieder entlassen waren, nun allenthalben organisierten.

Die Steuerbehörden, die zunächst nicht wahrhaben wollten, dass es sich um eine längerfristige Krise handelte, trieben die Steuern weiter unbarmherzig ein. Die Salzsteuer wurde nicht etwa abgeschafft, sondern sogar noch erhöht, weil die Regierung wegen des Rückgangs der Zolleinnahmen dringend Geld brauchte. Die Kongressmitglieder wiesen die Bauern auf diese Tatsachen hin und fanden bei ihnen ein offenes Ohr. Der Nationalkongress wurde so geradezu zur Bauernpartei. Aber auch die Geldleiher schlossen sich dem Kongress an, denn die Regierung war gegen sie vorgegangen, um den Bauern Erleichterung zu verschaffen, und hatte es ihnen so erschwert, die Schulden einzutreiben. Solange der Kongress nicht selbst für das Regieren verantwortlich war, konnte er selbst widerstreitende Interessen unter seinem Dach vereinen.

Für den Vizekönig Lord Irwin bedeutete diese agrarische Wende des Freiheitskampfes eine äußerst unangenehme Überraschung. Er erließ eine Reihe von Notverordnungen, doch damit brachte er die Bauern nur noch mehr gegen die Regierung auf. Das Land von Bauern, die die Grundsteuerzahlung verweigerten, wurde erbarmungslos konfisziert. Die Regierung wollte die Bauern demoralisieren und hatte damit zunächst auch einen gewissen Erfolg, doch später sollten sich die Bauern an den Wahlurnen rächen.

Im Winter 1930/31 war der Widerstand der Bauern noch ungebrochen. Zugleich traf Indien zu dieser Zeit ein katastrophaler Rückgang der Kreditvergabe und eine deflationäre Geldpolitik, die dazu dienen sollte, den Wechselkurs der Rupie zu erhalten, koste es, was es wolle. Die Wirtschaftskrise traf natürlich auch die Kreise, die Gandhi finanziell unterstützten. Er wurde zum Einlenken gemahnt. Gandhi wollte nichts ohne Beratung mit den Nehrus unternehmen. Lord Irwin gestand sogar zu, dass sie aus ihrem nordindischen Gefängnis nach Pune überführt wurden, wo Gandhi gefangengehalten wurde. Jawaharlal Nehru plädierte für einen harten Kurs, es kam daher zu keinem Kompromiss. Doch die Kontakte, die später zu Gandhis Pakt mit dem Vizekönig führen sollten, waren nun bereits geknüpft.

2. Der Pakt mit dem Vizekönig

Der Pakt, den Gandhi im März 1931 mit dem Vizekönig schloss, bedeutete den Höhepunkt seiner politischen Karriere, doch blieb dieser Pakt zu jener Zeit und auch später heftig umstritten. Hatte Gandhi die indischen Bauern verraten? War er von den indischen Kapitalisten um den Finger gewickelt worden, die mit den Briten ins Geschäft kommen wollten, oder war er von einem gerissenen Imperialisten hinters Licht geführt worden, dessen diplomatischen Charme er für einen «Wandel des Herzens» hielt? Jawaharlal Nehru war entsetzt und meinte, wenn sein Vater, der kurz zuvor gestorben war, noch gelebt hätte, wäre es zu diesem Pakt nicht gekommen.

Lord Irwin hatte seine Karten in der Tat mit großem Geschick gespielt, und als er später seinen konservativen Parteifreunden in London erklärte, dass er mit diesem Pakt einen allgemeinen Bauernaufstand in Indien verhindert habe, dann stimmte das wohl. Er wusste, wovon er sprach, denn in Birma, das damals noch zu Britisch-Indien gehörte, war bereits Ende 1930 unter der Führung von Saya San ein Bauernaufstand ausgebrochen, den die Briten mit großem Truppeneinsatz erst 1932 niederwerfen konnten. Die Gründe für das Ausbrechen dieses Aufstands waren von besonderer Art. In Birma gab es zusätzlich zur Grundsteuer noch eine Kopfsteuer, die vor der Reisernte erhoben wurde und die Bauern dazu zwang, soviel Reis wie möglich für den Markt zu produzieren. In normalen Zeiten waren die Geldleiher, die zugleich auch Reishändler waren, gern bereit, den Bauern die Kopfsteuer vorzuschießen, um sich so die Ernte zu sichern. Doch Ende 1930 war schon abzusehen, dass der Reispreis bei der kommenden Ernte, die im Januar auf den Markt kam, beträchtlich fallen würde. Daher verweigerten die Geldleiher den Bauern den üblichen Vorschuss, als die Kopfsteuer eingesammelt wurde. Saya San, der sich schon länger mit Agrarfragen beschäftigt hatte, richtete eine Bittschrift an den Gouverneur. Erst als das nichts fruchtete, rief er zum Aufstand auf und bezeichnete sich selbst als buddhistischen König, der den Bauern Gerechtigkeit widerfahren lassen würde. In Indien war die Lage nicht so explosiv, auch gab es dort keine Kopfsteuer. Aber der Reispreis fiel um die Hälfte, und Irwin befürchtete schlimme Konsequenzen, wenn es ihm nicht gelänge, Gandhi auf seine Seite zu bringen.

Ein Hoffnungsstrahl kam zu dieser Zeit Irwin zugute. Die erste Konferenz am Runden Tisch in London, die der Kongress boykottiert hatte, war am 19. Januar 1931 mit einer sehr optimistischen Rede Macdonalds beendet worden. Das gab Irwin die Möglichkeit, Gandhi am 26. Januar aus dem Gefängnis zu entlassen, doch zeigte er keine Eile, Gandhi zu einem Gespräch einzuladen. Er überließ es den indischen Politikern, die hoffnungsfroh von der Konferenz am Runden Tisch zurückkehrten, Gandhi umzustimmen. Sie müssen ihm freilich auch angedeutet haben, dass es um die Spenden der Wirtschaft für den Kongress in dieser schweren Zeit schlecht stünde, und Gandhi, der für den Lebensunterhalt der vielen Mitarbeiter sorgen musste, die sich an seiner Kampagne beteiligt und ihre Einkünfte verloren hatten, war auf diese Spenden dringend angewiesen. Außerdem dachte Gandhi wohl auch daran, dass er 1922 den rechten Zeitpunkt versäumt hatte, seiner Kampagne ein ehrenvolles Ende zu setzen, und wollte diesen Fehler nicht noch einmal machen.

Wenn ihm Irwin diese Möglichkeit gewährte, war er bereit, ihm weitgehend entgegenzukommen und von manchen Forderungen Abstand zu nehmen, die er zuvor gestellt hatte.

Irwin zeigte in fünf langen Gesprächen, die er vom 19. Februar bis 4. März 1931 mit Gandhi führte, große Geduld und gewinnende Höflichkeit. Er war sich gar nicht sicher, ob Gandhi wirklich zum Einlenken bereit war oder ob er bei den Verhandlungen nur einen Punkt erreichen wollte, der es ihm erlaubte, sie mit größtmöglichem Effekt abzubrechen. Was Irwin von Gandhi wollte, stand von vornherein fest: Er sollte die Kampagne suspendieren und versprechen, an der zweiten Konferenz am Runden Tisch in London teilzunehmen. Das eigentliche Problem war die Liste der Forderungen, die Gandhi stellte, die Irwin dann aber Punkt für Punkt ablehnte, bis Gandhi auf der ganzen Linie kapitulierte. Irwin erreichte das, indem er mit großer Offenheit Gandhi vor Augen führte, welchen Sachzwängen sein Handeln unterlag. Eine Untersuchung der Ausschreitungen der Polizei konnte er nicht anordnen, weil sämtliche Provinzgouverneure das nicht mitgemacht hätten. Das konfiszierte Land der Bauern konnte er nicht zurückgeben. Das hatte Irwin dem Gouverneur der Bombay Presidency versprechen müssen, der sich kein zweites Bardoli leisten konnte. Auch bei der Salzsteuer musste Gandhi klein beigeben. Der gerade verabschiedete Staatshaushalt sah sogar ihre Erhöhung vor, da die Regierung dringend auf diese Einkünfte angewiesen war. Gandhi konnte nur ein symbolisches Zugeständnis erreichen. Der Vizekönig gestattete, dass Leute, die in unmittelbarer Nähe von Salzvorkommen lebten, für den Hausgebrauch Salz sammeln oder sieden durften.

Verfassungsfragen, die vor der Kampagne eine so große Rolle gespielt hatten, kamen bei den Verhandlungen über Gandhis Pakt mit dem Vizekönig kaum zur Sprache. Irwin wollte nicht darüber sprechen und verwies auf die Verhandlungen am Runden Tisch. Gandhi, der sich nie für Verfassungsfragen interessiert hatte, bekannte, dass er das Recht Indiens auf Sezession vom britischen Weltreich nur im Auftrag des Kongresses betone. Irwin sagte ihm, er könne dies ja am Runden Tisch vortragen, hielt das aber nicht für sehr ratsam – und Gandhi stimmte ihm darin zu. Die Aufkündigung der Staatsschulden, die Indien bei Großbritannien hatte und die der Kongress für unrechtmäßig hielt, weil sie Indien aufgezwungen worden waren, spielte bei den Verhandlungen kaum eine Rolle. Auch von dieser Forderung konnte Irwin Gandhi abbringen. Die schriftliche Fassung des Paktes enthielt sogar den Hinweis, dass verfassungsmäßige Sicherungen notwendig seien, um Indiens Kreditwürdigkeit weiterhin zu garantieren. Jene, die über dieses Problem bestens informiert waren, wunderten sich darüber, wie Gandhi auch diese bittere Pille hatte schlucken können. Gandhi hatte auf der ganzen Linie nachgegeben und nichts gewonnen.

Wie hatte es Irwin fertiggebracht, Gandhi so völlig um den Finger zu wickeln? Das Geheimnis lag darin, dass Irwin geradezu kollegial mit ihm umging und alles tat, damit er sich im vizeköniglichen Palast daheim fühlte. Einmal gingen die beiden Verhandlungspartner gemeinsam zur vizeköniglichen Toilette. Dabei machte Irwin Gandhi ein Kompliment über seinen erfolgreichen Salzmarsch, meinte aber auch, dass es doch nett von ihm gewesen sei, Gandhi nicht schon vor Beendigung des Marsches verhaften zu lassen. Wie konnte Gandhi einem Mann widerstehen, der ihn nicht nur wie einen gleichrangigen Partner, sondern geradezu wie einen Freund behandelte? Winston Churchill hätte, wenn er diese Unterhaltungen auf der vizeköniglichen Toilette hätte belauschen können, wohl noch wütender dagegen gewettert, dass der Vertreter seiner Majestät des Königs sich herabgelassen habe, mit einem «halbnackten Fakir» zu verhandeln.

Ehe Irwin bald darauf Indien verließ, schrieb er einen rührenden Brief an Gandhi: «Besten Dank für alles, was Sie getan haben, während wir in diesen schwierigen letzten Tagen zusammengearbeitet haben. Es war ein großes Privileg für mich, die Gelegenheit zu haben, Sie zu treffen und Ihre Bekanntschaft zu machen. ... Ich bete darum – und ich glaube daran –, dass die Geschichte erweisen wird, dass Sie und ich daran mitwirken durften, etwas Großes für Indien und für die Menschheit zu tun.»

Waren Irwins fromme Wünsche nur ein Beispiel für britische Heuchelei, oder war er wirklich davon überzeugt, etwas Großes für Indien getan zu haben? Irwin hatte sich sehr darum bemüht, der kommenden Verfassungsreform den Weg zu ebnen. Die Konferenz am Runden Tisch war seine Idee, und er wusste, dass sie zum Scheitern verurteilt war, wenn der Kongress sie weiterhin boykottierte. Für ihn war es ein großer Erfolg, dass er Gandhi für die Beteiligung an dieser Konferenz gewonnen hatte. Damit war letztlich auch der Kongress dazu gezwungen, die Verfassungsreformen zu akzeptieren und das Spiel nach britischen Regeln zu spielen, auf die Irwin große Stücke hielt. Das sollte in der Tat trotz allen weiteren Schwierigkeiten so geschehen. Für Irwin war der Pakt daher in jeder Hinsicht gerechtfertigt. Aber konnte man das auch von Gandhi sagen, der ja Irwins Vertrauen in den Verfassungsprozess keineswegs teilte? Für Gandhi bedeutete der Pakt einen ehrenvollen Abschluss seiner Kampagne, und er brachte Vorteile für den Kongress mit sich, die zwar im Pakt nicht verzeichnet waren, aber sich aus seiner Interpretation ergaben. Die britischen Beamten in Indien bekamen das bald zu spüren und hassten den Pakt zutiefst. Die Kongressmitglieder machten sich überall zu Anwälten der Bauern. Die Beamten hätten lieber diese Kongressagitatoren bekämpft, anstatt sich nun mit ihnen zusammensetzen zu müssen, um über das Wohl der Bauern zu beraten. Sie hätten den Pakt zu gern sabotiert, aber dann hätte Gandhi sich geweigert, nach London zur Konferenz am Runden Tisch zu reisen.

Gandhi erkannte das ganze Ausmaß der Leiden der Bauern erst, als er nach dem Abschluss des Pakts das Land bereiste. Dabei erfuhr er, welchen Gebrauch die Steuerbeamten von ihren Verordnungen gemacht hatten, um die Steuerverweigerer so hart wie möglich zu treffen. «Rache für Bardoli» war wohl ihr Motto. Irwin konnte Gandhi nicht mehr helfen, er hatte Indien bereits verlassen und war von Lord Willingdon abgelöst worden. Irwin hatte Willingdons Ernennung begrüßt, denn er erschien ihm für die in Indien anstehenden Aufgaben wie geschaffen. Er hatte eine lange Indienerfahrung als Gouverneur von Madras und danach von Bombay und war dann Generalgouverneur von Kanada gewesen. Als solcher war er dazu prädestiniert, Indien auf dem Weg zur nächsten Verfassungsreform zu begleiten, die es dem Status eines Dominions, wie es Kanada war, näher bringen sollte. Doch Willingdons Indienerfahrung war veraltet, und er verachtete Gandhi, den sein Vorgänger seines Erachtens ganz unnötig hofiert und aufgewertet hatte. Wäre es nach ihm gegangen, hätte er sich auf gar keine Gespräche mit Gandhi eingelassen, aber er wollte nicht daran schuld sein, dass Gandhi eventuell die Reise zur Konferenz am Runden Tisch absagte.

In Gujarat hatte sich Gandhi vor Ort über das Schicksal der Bauern informiert. Der Bezirksbeamte von Kaira, E. W. Perry, schrieb einen interessanten Bericht über Gandhis Besuch bei ihm. Er war allein gekommen, leichtfüßig auf seine Veranda gesprungen und hatte dann zwei Stunden mit ihm diskutiert. Gandhi war bestürzt zu erfahren, dass die Steuerbeamten Anweisungen hatten, ihre Verordnungen so hart wie möglich anzuwenden, um den Bauern das Kreuz zu brechen. Für die geringste Steuerschuld wurde der gesamte Besitz des Bauern versteigert und der Erlös einbehalten, auch wenn er über den geschuldeten Betrag weit hinausging. Gandhi fand das sehr rachsüchtig. Wie Perry berichtete, kannte sich Gandhi in den betreffenden Verordnungen sehr gut aus.

Im Bezirk Surat traf Gandhi auf weitere Spuren behördlicher Willkür. Die Bauern hatten dort die laufenden Steuern bezahlt, wie es im Pakt mit dem Vizekönig vereinbart worden war. Der Bezirksbeamte hatte aber selbst kleinste Rückstände aufgespürt und die Bauern mit einer Polizeieskorte heimgesucht und unter Druck gesetzt. Das lief dem Pakt zuwider. Gandhi suchte Willingdon in Simla auf und verlangte eine Untersuchung, die der Vizekönig dann auch anordnete, weil Gandhi ja immer noch damit drohen konnte, sich nicht an der Konferenz am Runden Tisch zu beteiligen. Als Gandhi im September 1931 endlich an Bord ging, um nach London zu reisen, konnte Willingdon erleichtert aufatmen.

3. Die Konferenz am Runden Tisch

Gandhi erwartete von der zweiten Konferenz am Runden Tisch nicht viel. Er besuchte sie als einziger Bevollmächtigter des Nationalkongresses. Hätte er vorgehabt, sich ernsthaft an den Beratungen der vielen Ausschüsse der Konferenz zu beteiligen, die über Minderheitenfragen, die Konstruktion des Bundesstaates und die Verfassungsgarantien für Eigentumsrechte usw. verhandelten, dann hätte er eine große Delegation von Experten mitnehmen müssen. Er beharrte darauf, als einziger Bevollmächtigter nach London zu reisen, weil er etwas vorhatte, was er nicht verkünden konnte. Er wollte die Konferenz umgehen und direkt mit dem Premierminister verhandeln, um einen Pakt mit ihm zu schließen, wie er ihn zuvor mit dem Vizekönig geschlossen hatte. Dieser Plan macht Gandhis große Kompromissbereitschaft bei den Verhandlungen mit Irwin verständlich. Auch dem Premierminister Macdonald wäre er weitgehend entgegengekommen. Er hätte das weitere Verbleiben britischer Truppen in Indien zugestanden und auch die Ernennung eines britischen «Agenten» akzeptiert, der im Grunde der Vizekönig mit einem anderen Titel gewesen wäre. Eine symbolische Gewährung nationaler Souveränität war Gandhis eigentliches Anliegen. Ein geschickter Premierminister im Vollbesitz seiner Macht hätte mit einem solchen Pakt viel erreichen können, und Gandhi hätte diesen Pakt in Indien verteidigt, so wie er es bereits mit dem Gandhi-Irwin-Pakt getan hatte.

Leider war Premierminister Macdonald weder geschickt noch im Vollbesitz seiner Macht. Die internationale Finanzkrise des Jahres 1931 hatte seine Regierung zu Fall gebracht, und er war nun Premierminister einer «nationalen Regierung», in der die Konservativen das Sagen hatten. Als Premierminister war Macdonald eine Geisel in ihren Händen. Sie hatten ihn nur im Amt belassen, damit er den Arbeitern gegenüber die unpopulären Maßnahmen verteidigte, die in dieser Notlage erforderlich waren. Zur großen Überraschung Macdonalds kündigten die Konservativen sogar die Bindung des britischen Pfunds an den Goldstandard auf. Er hatte nicht geglaubt, dass das möglich sei.

Die eigentliche Entscheidung darüber war auch nicht in London in der Bank von England gefallen, sondern in der Bank von J. P. Morgan in New York, wo sogar die Verlautbarung formuliert wurde, mit der die britische Regierung diesen Schritt ankündigte.

Das war der Stand der Dinge, als Gandhi endlich ein Gespräch mit dem Premierminister gewährt wurde. Er hatte lange darauf warten müssen und inzwischen zahllose Stunden am Runden Tisch verbracht, wo er mit indischen Politikern diskutieren musste, die die britische Regierung ausgewählt hatte. Die meisten dieser Politiker vertraten nur sich selbst oder irgendwelche Interessengrüppchen. Die Regierung stellte diesen Leuten unzählige Fragen zu Einzelheiten der Verfassungsreform. Gandhi meinte, die Regierung verhalte sich wie eine Sphinx, die Rätsel aufgibt, aber nicht verrät, welche Belohnung für die Lösung der Rätsel zu erwarten sei. Die Konferenzteilnehmer hatten daher kein Motiv, irgendwelche Probleme zu lösen, sondern profilierten sich, indem sie allerlei Ansprüche anmeldeten.

Als Gandhi endlich mit Macdonald sprechen durfte, traf er die Sphinx persönlich. Der arme Mann konnte Gandhi überhaupt nicht Rede und Antwort stehen. Als Gandhi ihn nach der Aufkündigung des Goldstandards und den Folgen fragte, die sich daraus ergeben würden, sagte Macdonald, dass er von Währungsfragen gar keine Ahnung habe. Gandhi wollte das nicht glauben, und doch war dies vermutlich die einzige ehrliche Antwort, die der machtlose Premierminister ihm während dieses Gesprächs gegeben hatte. Nach dieser Begegnung gab Gandhi jede Hoffnung auf, in London irgendetwas erreichen zu können. Er nahm jedoch weiter an der Konferenz teil, weil er sich nicht nachsagen lassen wollte, er habe die Konferenz torpediert. Dabei wurde er in viele Einzelheiten verwickelt, zu denen er eigentlich nicht Stellung nehmen wollte. Manchmal fielen seine Äußerungen aber doch so aus, dass sie geradezu zur Sensation wurden. So geschah es, als er eine bemerkenswerte Rede zum Problem der Verfassungsgarantien hielt. Es ging unter anderem um die Zusicherung an britische Investoren, dass eine künftige nationale Regierung sie nicht diskriminieren werde.

Die Vertreter der indischen Unternehmer hatten in dieser Hinsicht zwiespältige Gefühle: Einerseits hätten sie es gern gesehen, wenn eine nationale Regierung zu ihren Gunsten und gegen die britischen Interessen entschieden hätte, andererseits hofften sie, dass die Verfassungsgarantien, die die britischen Unternehmer verlangten, auch sie vor dem Zugriff einer eventuell sozialistisch orientierten indischen Regierung schützen würden. Gandhi wandte sich gegen jegliche Diskriminierung, betonte aber auch die Pflicht jeder künftigen Regierung, sich für soziale Gerechtigkeit einzusetzen. Er sagte: «Ich fürchte, dass die indische Regierung sich für lange Zeit darum bemühen muss, Gesetze zu verabschieden, die zum Ziel haben, die Unterdrückten von dem Elend zu befreien, in das sie durch die Kapitalisten, die Grundbesitzer und die ganze Oberklasse gestürzt worden sind und das die britischen Herrscher im Nachhinein noch weiter vertieft haben. Um diese Unterdrückten vom Elend zu befreien, hätte eine nationale Regierung die Pflicht, diese Menschen stets besonders zu bevorzugen. Und wenn Grundbesitzer und andere reiche Leute, die heute privilegiert sind – mir ist es egal, ob es Europäer oder Inder sind –, das Gefühl haben, dass sie diskriminiert werden, dann tut es mir leid, aber ich werde ihnen nicht helfen, selbst wenn ich dazu in der Lage wäre. Im Gegenteil, ich würde sie um ihre Hilfe bitten, die Armen vor dem Elend zu retten, denn ohne ihre Hilfe geht es nicht. Es wird einen Kampf zwischen den Reichen und den Habenichtsen geben, und wenn es das ist, was befürchtet wird, dann wird eine nationale Regierung gar nicht erst zustande kommen, wenn die Reichen den Armen die Pistole auf die Brust setzen und sagen: ‹Ihr sollt keine eigene Regierung haben, wenn ihr uns nicht vorab unser Eigentum und unsere Rechte garantiert.›»

Die indischen Liberalen, die sich die Rede anhören mussten, protestierten. Sie meinten, unter einer nationalen Regierung, wie Gandhi sie sich vorstelle, könne niemand mehr seiner Eigentumsrechte sicher sein. In der Presse wurde die Rede sogar als «bolschewistisch» bezeichnet. Sie rechtfertigte die Bestrebungen der britischen Konservativen und Liberalen, den Kongress weitgehend zu isolieren und sich den Vertretern der anderen Interessen am Runden Tisch zuzuwenden. So gesehen war Gandhis Rede sehr undiplomatisch, sie kam aber von Herzen und strafte alle jene Lügen, die Gandhi einen Vertreter der indischen Kapitalisten nannten.

Während Gandhi noch in London war, erhielt er ein Telegramm von Jawaharlal Nehru, der ihn um Erlaubnis bat, eine Pachtverweigerungskampagne im Bezirk Allahabad zu beginnen. Gandhi gestattete ihm dies am 16. Oktober 1931 und fügte hinzu: «Hier ist nichts zu erwarten.» Doch Gandhi wartete noch geduldig die Abschlussrede des Premierministers ab. Nach heftigen Debatten hinter den Kulissen hatte man es dem unglückseligen Macdonald gestattet, zu wiederholen, was er zum Abschluss der ersten Konferenz am Runden Tisch gesagt hatte. Damals hatte das optimistisch geklungen. Die bloße Wiederholung am Ende der zweiten Konferenz wirkte eher peinlich als hoffnungsvoll.

Nach der Konferenz besuchte Gandhi einige Länder Europas. In London war er ständig von zwei britischen Polizisten begleitet worden. Er hatte das nicht als störend empfunden, sondern sich sogar mit ihnen angefreundet. Nun erwirkte er von der britischen Regierung die Erlaubnis, dass die Polizisten ihn bis nach Italien begleiten durften. Später sandte er ihnen Weihnachtsgeschenke und erkundigte sich danach, ob sie sie auch erhalten hätten, als er längst wieder in Indien im Gefängnis saß. Auf dieser Reise besuchte er auch Romain Rolland, der 1924 eine Biographie Gandhis veröffentlicht hatte. Rolland sympathisierte mit der Sowjetunion und mahnte Gandhi, er solle sich in Italien nicht von den Faschisten vereinnahmen lassen. Dennoch verzichtete Gandhi nicht darauf, in Rom Mussolini zu besuchen, dessen soziales Programm er gut fand. Persönlich beeindruckte Mussolini ihn jedoch nicht positiv, er bemerkte, er sähe aus wie ein Henker.

Ein Interview mit einem italienischen Journalisten sollte fatale Konsequenzen für Gandhi haben, denn dieser Mann berichtete in der Presse, Gandhi wolle unmittelbar nach seiner Ankunft in Indien die Kampagne des bürgerlichen Ungehorsams wiederaufnehmen. Das alarmierte die britische Regierung, und der Indienminister Sir Samuel Hoare, mit dem Gandhi in London gut ausgekommen war, sandte ihm sofort ein Telegramm. Gandhi dementierte den Bericht, aber der Journalist bestand darauf, dass Gandhi wirklich das gesagt habe, was in dem Bericht stand. Das Missverständnis beruhte vermutlich darauf, dass der Journalist Gandhi gefragt hatte, ob er wieder eine Kampagne des bürgerlichen Ungehorsams beginnen würde, und Gandhi dies als eine Frage nach seiner grundsätzlichen Bereitschaft verstanden hatte, die er natürlich bejahen musste, während der Journalist dies als eine Ankündigung der sofortigen Wiederaufnahme der Kampagne interpretierte.

Gandhi hatte zu dieser Zeit ganz andere Pläne. Da es zu keinem Pakt mit dem Premierminister gekommen war, wollte er wieder dort anfangen, wo er nach dem Pakt mit dem Vizekönig gewesen war. Er erwartete nach seiner Rückkunft eine Einladung zu einem Gespräch mit Willingdon. Er konnte nicht wissen, dass dieser überhaupt nicht mehr mit ihm sprechen wollte – weder jetzt noch in Zukunft. Er wollte Gandhi so schnell wie möglich ins Gefängnis werfen. Der Bericht des italienischen Journalisten war ihm ein willkommener Anlass dazu. Die ganze Regierungsmaschinerie war schon darauf eingestellt, Gandhi aus dem Verkehr zu ziehen. Der Gouverneur von Mumbai, der wusste, dass er es wieder mit Gandhi zu tun haben würde, wollte ihn sogar nach Aden oder auf die Andamanen deportieren lassen. Das zumindest billigte Willingdon nicht. Aber kaum war Gandhi verhaftet, da entfesselte er mit seinen Notverordnungen eine schreckenerregende Unterdrückungskampagne. Die Bauern wurden so sehr gepeinigt, dass sie den Beamten die Grundsteuer schon im Voraus geradezu aufdrängten. Ein Beamter berichtete triumphierend, ein Bauer, der seit zehn Jahren ein Gandhikäppchen getragen habe, hätte nun wieder seinen traditionellen Turban aufgesetzt. Gandhi hatte sein Ansehen bei den Bauern zunächst verloren, doch das bedeutete nicht, dass sie nun die Regierung verehrten, die sie demütigte und unterdrückte.

4. Das Fasten für die Unberührbaren

In London hatte Gandhi zugestimmt, dass das schwierige Problem der Vertretung der Minderheiten in den Landtagen und im Bundestag durch einen Schiedsspruch des Premierministers gelöst werden solle. Er hatte aber schon zu dieser Zeit angekündigt, dass er sein Leben aufs Spiel setzen werde, wenn den Unberührbaren separate Wählerschaften gewährt werden würden. Den Muslimen waren solche separaten Wählerschaften, in denen sie nur Muslime wählen konnten, bereits 1909 gewährt worden. Diese Regelung begünstigte Politiker, die sich allein als Vertreter ihrer Gemeinschaft profilierten, weil sie keine anderen Wähler ansprechen mussten. Wurde diese Regelung nun auch für die Unberührbaren ausgedehnt, so würde sie überhaupt erst zu einer politischen Einigung dieser sehr heterogenen Bevölkerungsgruppe führen. Die Unberührbaren wurden von den anderen Hindus gemieden, weil sie unreine Berufe ausübten (Abortreinigung, Abdecken von Kadavern usw.) Die Formen der Meidung waren unterschiedlich. In Kerala gab es sogar «Unsehbare», deren Anblick Brahmanen befleckte. Wenn sich ein Brahmane näherte, mussten sie sich verstecken. In Bengalen nahm man es mit der Meidung der Berührung nicht so genau, doch auch dort gab es eine breite Unterschicht landloser Landarbeiter, die den Bauern zu Diensten sein mussten. Die Briten hatten schließlich den Begriff *depressed classes* (unterdrückte Klassen) eingeführt, um alle diese Gruppen auf einen Nenner zu bringen. Macdonalds Schiedsspruch wurde 1932 verkündet, als Gandhi im Gefängnis war. Den *depressed classes* wurden tatsächlich separate Wählerschaften gewährt – und da musste Gandhi sein Leben aufs Spiel setzen. Er kündigte ein Fasten bis zum Tode an, falls der Schiedsspruch nicht in diesem Punkt revidiert würde. Es gab einen Ausweg, denn der Premierminister hatte auch verkündet, dass sein Schiedsspruch durch eine Vereinbarung mit den betreffenden Minderheiten abgeändert werden könne. Aber Dr. Ambedkar, der Führer der Unberührbaren, betrachtete die separaten Wählerschaften für seine Leute als eine große Errungenschaft und wollte auf keinen Fall darauf verzichten. So musste Gandhi seine Drohung wahrmachen und mit dem Fasten beginnen. Er war diesmal sehr besorgt, denn er hatte zwar schon früher gefastet, aber nie mit der Vorankündigung, dass er es bis zum Tode tun werde. Außerdem sollte das Fasten ja spirituelle Energien hervorbringen, und nach vielen früheren Enttäuschungen zweifelte Gandhi nun daran, dass er tatsächlich solche Energien erzeugen könne. Am Vorabend des Fastens schrieb er an Tagore. «Ich durchschreite das flammende Tor am Mittag. Wenn Sie können, dann segnen Sie meinen Versuch, ich wünsche es mir sehr.» Doch noch ehe er den Brief abgesandt hatte, erreichte ihn ein Telegramm Tagores: «Es ist es wert, ein kostbares Leben für Indiens Einheit und soziale Integrität zu riskieren.»

Das Fasten erregte die Aufmerksamkeit der ganzen Nation. Tempel, die den Unberührbaren bisher verschlossen geblieben waren, wurden ihnen nun geöffnet. Das stand eigentlich im Moment gar nicht zur Debatte, und Ambedkbar war entrüstet darüber, denn er wollte politische Rechte für die Unberührbaren erlangen und bedauerte es, dass sie mit religiösen Zugeständnissen abgespeist werden sollten. Aber er konnte sich dem Druck der öffentlichen Meinung nicht entziehen und musste zu Gandhi ins Gefängnis eilen, um einen Kompromiss auszuhandeln. In Pune, wo Gandhi gefangen gehalten wurde, traf er auch etliche andere prominente Politiker, die den Gandhi-Ambedkar-Pakt, der dort zustande kam, mit unterzeichneten. Anstelle der separaten Wählerschaften erhielten die Unberührbaren reservierte Sitze, und zwar sehr viel mehr, als ihnen die separaten Wählerschaften eingebracht hätten. Bei reservierten Sitzen mussten sich die Kandidaten der Unberührbaren dem Votum aller Wähler stellen, es konnten dabei keine Kandidaten zum Zuge kommen, die sich nur als Unberührbare profilierten, was bei separaten Wählerschaften der Fall gewesen wäre. Ambedkar befürchtete natürlich, dass die reservierten Sitze von Strohmännern besetzt würden, die der Kongress aufstellte. Die Befürchtung war berechtigt, aber Ambedkar musste Gandhis Angebot akzeptieren. Gandhi hatte einen Sieg errungen, was ihm aber dabei gar nicht auffiel, war, dass nun er und der Kongress an die Verfassungsreform gebunden waren, denn ohne sie hätte der Gandhi-Ambedkar-Pakt keinen Sinn gehabt. Lord Irwin hatte sein Spiel letztlich doch gewonnen, wenn auch auf eine Weise, die er nicht vorausahnen konnte. Es bestand eine unsichtbare Verbindung zwischen dem Gandhi-Irwin- und dem Gandhi-Ambedkar-Pakt.

Macdonald und Hoare erkannten diese Verbindung eher als jene, die unmittelbar in die indische Politik verwickelt waren. Sie hätten sich gewünscht, dass Willingdon die Gelegenheit genutzt hätte, um Gandhi auf seine Seite zu bringen. Doch der war zu beschränkt, um das einzusehen und setzte seine Unterdrückungsmaßnahmen fort. Ambedkar aber war klug genug, Schlussfolgerungen aus der neuen Lage zu ziehen. Er bat darum, Gandhi erneut im Gefängnis besuchen zu dürfen. Die Regierung verweigerte ihm das zunächst, ließ es aber dann doch zu, jedoch nur unter der Bedingung, dass der Inhalt der Gespräche, die Ambedkar mit Gandhi führte, nicht veröffentlicht werden durfte. Die Befürchtungen der Regierung waren berechtigt, denn Ambedkar machte Gandhi einen sensationellen Vorschlag: Die Kampagne des bürgerlichen Ungehorsams solle beendet werden und Gandhi mit Ambedkar zur dritten Konferenz am Runden Tisch reisen. Dort könnten sie gemeinsam verhindern, dass die Muslime, die die Einheit Indiens zerstören wollten, die Oberhand gewönnen. Gandhi muss das mit Erstaunen gehört haben, denn bei der vorigen Konferenz am Runden Tisch hatte sich Ambedkar mit den Muslimen verbündet, um die separaten Wählerschaften für die Unberührbaren durchzusetzen. Doch Ambedkar folgte nur der Logik des Pakts, den er mit Gandhi geschlossen hatte. Da Gandhi nun sein Pakt-Partner geworden war, lohnte es sich für Ambedkar nicht mehr, den Briten und den Muslimen nachzulaufen. Ein gemeinsames Vorgehen mit Gandhi wäre nun an der Tagesordnung gewesen – und genau das fürchteten die Briten. Wäre Gandhi ein gewiefter Politiker gewesen, dann wäre er auf Ambedkars Vorschlag eingegangen, aber er hörte ihm nur geduldig zu und lehnte dann den Vorschlag ab. Ambedkar wurde von nun an ein erbitterter Gegner Gandhis.

Die dritte Konferenz am Runden Tisch war eine traurige Angelegenheit. Hoare hatte sie ganz absagen wollen, er berief sie nur ein, weil die indischen Liberalen darauf bestanden. Diese hätten dann eigentlich Gandhi nach der Konferenz über den Stand der Dinge unterrichten sollen, aber selbst das untersagte Willingdon. Er meinte, Gandhi sei schon fast vergessen und man solle ihn und den Kongress nicht unnötig aufwerten. Willingdon und seine Beamten bemühten sich nach Kräften, den Kongress zu isolieren und anderen politischen Kräften zum Sieg zu verhelfen. Das war aus ihrer Sicht eine sehr einleuchtende Strategie, aber sie funktionierte nicht. Willingdon hielt jedoch an ihr fest und lud Gandhi zu keinem Gespräch ein, als er ihn 1933 aus der Haft entließ. Gandhi hatte sich verpflichtet, nach seiner Entlassung ausschließlich für das Wohl der Unberührbaren zu arbeiten, aber er hätte auch sofort seine Kampagne förmlich beendet, wenn die Regierung ihm einen Weg dazu eröffnet hätte. Die Kampagne war ohnehin im Sande verlaufen. Das, was Gandhi durch den Pakt mit dem Vizekönig hatte verhindern wollen, war nun doch wieder eingetreten. Willingdon triumphierte im Jahre 1933. Er meinte, Gandhi sei nun am Ende seiner Weisheit und der Kongress werde bald eingehen.

Der Kongress machte 1933 in der Tat keinen guten Eindruck. Er verzehrte sich in internen Querelen, die durch den Gandhi-Ambedkar-Pakt verursacht wurden. Die großzügige Überlassung reservierter Sitze an die Unberührbaren bedeutete, dass dies auf Kosten der Kastenhindus gehen würde. Bengalen war davon besonders betroffen. Die Zahl der für die Unberührbaren reservierten Sitze und der Sitze, die den Muslims in ihren separaten Wählerschaften zustanden, war so groß, dass die Kastenhindus zu einer bedrängten Minderheit im bengalischen Landtag zu werden drohten. Unter Kastenhindus verstand man jene, die einer der anerkannten Kasten angehörten, während die Unberührbaren als «kastenlos» galten, obwohl sie unter sich auch noch Unterschiede kannten. In Bengalen war die «kastenlose» Unterschicht besonders groß, deshalb waren die Befürchtungen der Kastenhindus berechtigt. Sie organisierten einen Protest, dem sich sogar Tagore anschloss, obwohl er doch Gandhis

Fasten unterstützt hatte. Die Führung des Nationalkongresses entgegnete, man habe ja bisher nicht einmal die Verfassungsreform akzeptiert, aber das klang nicht sehr überzeugend. So war das Jahr 1933 das schlimmste in der langen Geschichte des indischen Nationalkongresses. Selbst die indischen Liberalen, die den Kongress keineswegs unterstützten, äußerten sich besorgt über seine Schwäche. Sie verließen sich immer darauf, dass der Kongress den politischen Fortschritt erkämpfte und sie dann in seinem Windschatten ebenfalls vorankamen. Wenn der Kongress schwach wurde, war es auch um ihre Zukunft schlecht bestellt.

Gandhi hatte 1933 auf allen Seiten mit Problemen zu kämpfen. Die Kastenhindus kritisierten ihn, und Ambedkar legte ihm Steine in den Weg. Im Pakt war vorgesehen, dass die Unberührbaren in Vorwahlen, die sie unter sich abhielten, ihre Kandidaten aufstellten. Das sollte sichern, dass der Kandidat die Interessen der Unberührbaren vertrat und kein Strohmann war. Ambedkar argumentierte nun, dass dieses Verfahren recht aufwendig sei, und wollte es durch die Regel ersetzen, dass der Kandidat bei der Wahl einen bestimmten Anteil der Stimmen der Unberührbaren erringen musste. Das hörte sich plausibel an, bedeutete aber praktisch die Einführung separater Wählerschaften unter anderem Namen. Gandhi holte sich den Rat von Verfassungsexperten und lehnte dann Ambedkars Vorschlag ab. Ambedkar war wütend, die Kastenhindus waren nach wie vor unzufrieden, und Gandhi befand sich zwischen zwei Feuern. Da kündigte er ein weiteres Fasten vom 8. bis 29. Mai 1933 an. Es war ein zeitlich begrenztes Fasten, das der inneren Reinigung dienen sollte und sich gegen niemanden richtete. Aber alle, die Gandhi im Weg standen, wussten sehr wohl, dass sie gemeint waren. Gandhi überstand das Fasten, wog danach aber nur noch 38 kg und brauchte einige Zeit, um seine Gesundheit wiederherzustellen.

VI. Der Mahatma und die Kongresspartei

1. Gandhis Abschied vom Kongress

Im Mai 1933 suspendierte Gandhi die Kampagne des bürgerlichen Ungehorsams endgültig. Zwei prominente Kongresspolitiker, Vithalbhai Patel und Subhas Chandra Bose, verkündeten daraufhin während einer Europareise, dass Gandhi versagt habe und der Kongress nun ein radikaleres Programm verfolgen müsse. Patel starb noch vor seiner Rückkehr nach Indien, aber Bose wurde von nun an zu einem Gegenspieler Gandhis im Kongress. Auch Jawaharlal Nehru hatte Differenzen mit Gandhi, doch nach einigen Gesprächen und einem Schriftwechsel, der die Gegensätze offenlegte, vereinbarten sie, dass sie sich weiterhin gegenseitig unterstützen würden. Gandhi nannte Nehru sogar seinen «politischen Chef», da er selbst ja nun völlig diskreditiert sei und entweder als religiöser Fanatiker oder als harmloser Sozialarbeiter gelte. Aus diesem Grund wollte er schließlich auch den Kongress ganz verlassen. Er war es gewohnt, den Kongress zu führen, und konnte es nicht ertragen, in eine Minderheitsposition zu geraten und sich dann gar der Parteidisziplin fügen zu müssen. Was wäre, wenn er ein Fasten oder eine Kampagne des bürgerlichen Ungehorsams für nötig hielte, der Kongress ihm aber verbieten würde, dergleichen zu unternehmen? Doch der Abschied vom Kongress sollte nicht bedeuten, dass er an seinem Schicksal keinen Anteil mehr nehmen würde. Ganz im Gegenteil, ehe er den Kongress am Ende des Jahres 1934 verließ, legte Gandhi noch ein von ihm revidiertes Parteistatut vor, dass der Straffung der Organisation dienen sollte. Für ihn war der Kongress ein nationales Forum und keine Partei. Seine Organisation sollte mit den britisch-indischen Institutionen konkurrieren. Doch sobald sich der Kongress im Rahmen der Verfassungsreformen zur Wahl stellte, wurde er zu einer Partei, und sogar zu einer sehr erfolgreichen.

Dazu leistete Gandhis Parteistatut einen bedeutenden Beitrag, obwohl er es gar nicht darauf angelegt hatte.

Gandhi wollte die Jahressitzung auf 1000 Delegierte beschränken, die gleichzeitig als All-India Congress Committee (AICC) fungieren sollten. Die Delegierten aus den einzelnen Provinzen konstituierten dann auch den entsprechenden Landesverband. Die Zahl der Delegierten sollte sich nicht mehr nach der Zahl der Einwohner der Provinz richten, sondern nach der Zahl der registrierten Kongressmitglieder. Dadurch würden aktive Landesverbände privilegiert werden. Die Begrenzung der Zahl der Delegierten sollte es ermöglichen, dass die Kongresssitzungen künftig auch auf dem Dorf stattfinden könnten und nicht nur in Städten. Dieser Punkt lag Gandhi besonders am Herzen. Schließlich wollte er nicht nur die Struktur der Organisation, sondern auch ihren «Glaubensartikel» nochmals ändern. Statt «friedvolle und legitime Mittel» sollte es dort jetzt «wahrhaftige und gewaltfreie Mittel» heißen. Gandhi bekam für seine Vorschläge keine Mehrheit und musste Abstriche hinnehmen. Der Glaubensartikel wurde nicht geändert. Die Zahl der Kongressdelegierten wurde von 1000 auf 2000 erhöht, das AICC aber auf 166 Delegierte beschränkt. In einem Punkt aber setzte sich Gandhi durch, und der betraf die Wahl des Kongresspräsidenten. Dieser war bisher vom Empfangskomitee der Stadt, die den Kongress einlud, gewählt worden, wobei man freilich stets dem Vorschlag Gandhis und des Arbeitsausschusses folgte. Jetzt sollte der Präsident von allen 2000 Kongressdelegierten gewählt werden. Gandhi ahnte nicht, dass er sich durch diese neue Regelung bald großen Ärger einhandeln sollte. Aber er wollte ja die Organisation straffen und sein ständiges Eingreifen in ihre Geschicke überflüssig machen. Dass das nicht leicht war, zeigte sich gleich nach der Sitzung von 1934. Wie gewohnt versammelte sich der neue Arbeitsausschuss bei Gandhi, um mit ihm zu beratschlagen. Gandhi merkte erst nach einer Weile, dass das ja nun gar nicht mehr statthaft war, und zog sich zurück. Bei dieser weisen Zurückhaltung sollte es jedoch nicht lange bleiben. Der Arbeitsausschuss tagte bald wieder bei Gandhi und kam ohne seinen Rat nicht aus.

Im Jahr 1934 hatte Willingdon schließlich auch sein Notverordnungsregime beendet, weil Wahlen zum Zentralparlament fällig waren. Der Kongress kehrte nun auf den Pfad der verfassungsmäßigen Politik zurück und konnte bei diesen Wahlen einen großen Erfolg verbuchen. Gandhi zeigte sich jetzt in dieser Beziehung sehr viel toleranter als zehn Jahre zuvor. Da er nun nicht mehr dem Kongress angehörte, brauchte er ja auch nicht mehr zu «kapitulieren». Im Jahre darauf wurde die Verfassungsreform (Government of India Act, 1935) eingeführt, und der Kongress musste mit dieser oktroyierten Verfassung leben. In diesem Rahmen waren für 1936/37 Landtagswahlen angesetzt. Der Kongress musste sich nun an eine viel größere Wählerschaft wenden als je zuvor. Neu hinzugekommen waren vor allem die Bauern, soweit sie den von der Regierung verordneten Besitzqualifikationen entsprachen. Die Regierung hatte den reicheren Bauern das Wahlrecht verliehen in der Hoffnung, dass diese für pro-britische Agrarparteien und nicht für den Kongress stimmen würden, von dem man ja 1933 angenommen hatte, dass er ohnehin am Ende sei.

Die Wiedergeburt des Kongresses war in erster Linie Jawaharlal Nehru zu verdanken, der mit Gandhis Segen 1936 zum Kongresspräsidenten gewählt wurde, nachdem er ein Jahr zuvor das Gefängnis hatte verlassen dürfen. Er hatte damals zunächst eine Reise nach Europa gemacht, um Heilung für seine kranke Frau zu suchen, die 1936 in der Schweiz starb. Zugleich hatte er für die Veröffentlichung seiner Autobiographie gesorgt, die 1936 in London erschien und viele begeisterte Leser fand, die mit ihm sympathisierten. Konservative Kreise in Indien und im Ausland hielten sie freilich für ein gefährliches sozialistisches Manifest. Gandhi las Nehrus Autobiographie unmittelbar nach Hitlers *Mein Kampf* und muss den Kontrast sehr deutlich empfunden haben. Er hatte nichts an Nehrus Darstellung auszusetzen und kritisierte nur, dass er die indischen Liberalen schlecht behandelt habe. Sie hätten schließlich auch versucht, sich nach bestem Wissen und Gewissen für Indien einzusetzen. Außerdem, so meinte er, störten die ständigen Angriffe auf die Liberalen die Harmonie des Texts.

Nehrus Rede als Kongresspräsident im April 1936 war ebenso radikal wie seine Autobiographie, und in seinen Wahlreden, die er überall hielt, als er wie ein Sturm durch Indien fegte, schlug er denselben Ton an. Er fand dabei vor allem bei den Bauern, die durch die Weltwirtschaftskrise und durch Willingdons Notverordnungsregime betroffen worden waren, begeisterte Zustimmung. Der große Wahlerfolg, den der Kongress erringen konnte, war ohne Zweifel in erster Linie Nehrus Einsatz zu verdanken. Die alten Herren im Arbeitsauschuss fanden jedoch keinen Gefallen an Nehrus radikalen Reden und fürchteten zunächst, dass sie die Chancen des Kongresses gefährden könnten. Eigentlich hätte Nehru den Arbeitsausschuss nach eigenem Gutdünken besetzen können, doch Gandhi gestattete es ihm nur, drei Sozialisten seiner Wahl zu benennen, die Mehrheit bildeten weiterhin die alten Gandhianer, mit denen Nehru gar nicht gern zusammentraf. Im Juni 1936 traten sieben von ihnen zurück und hofften wohl, Nehru auf diese Weise stürzen zu können. Aber Gandhi befahl ihnen, sich mit ihm zu vertragen, und sie arbeiteten weiter. Schließlich sorgte Gandhi sogar dafür, dass Nehru wiedergewählt wurde, obwohl bisher alle Kongresspräsidenten jeweils nur ein Jahr im Amt gewesen waren. Vallabhbhai Patel, der gehofft hatte, diesmal gewählt zu werden, musste auf Gandhis Geheiß darauf verzichten. Die Sitzung des Kongresses fand 1937 zum ersten Mal auf einem Dorf, Faizpur in Maharashtra, statt.

Es war eine Ironie des Schicksals, dass Nehru den Kongress zu einem erstaunlichen Wahlerfolg führte, der dann aber eine politische Entscheidung zur Folge hatte, die er verabscheute. Er wollte mit dem Wahlerfolg den Briten nur vor Augen führen, wer die Unterstützung der indischen Bevölkerung hatte, doch war er strikt dagegen, dass der Kongress nun zur Regierungspartei wurde. Seine Rivalen vom rechten Flügel des Kongresses, geführt von Vallabhbhai Patel, schätzten jedoch die Lage realistischer ein. Die Bauern, die für den Kongress gestimmt hatten, erwarteten nun auch Maßnahmen zu ihren Gunsten, so etwa die Novellierung der Pächterschutzgesetze, eine Reduktion ihrer Schulden usw. Sie hätten kein Verständnis dafür gezeigt, wenn der Kongress nun die Regierung den bei den Wahlen besiegten Grundherren überlassen hätte. Nehru sah das anders und betrachtete die Regierungsbildung als schmähliche Niederlage. Gandhi mahnte ihn, er sei zwar im Amt, aber nicht an der Macht. Der jugendliche Schwung, den Nehru in seiner Autobiographie, aber auch bei seinem großartigen Wahlfeldzug noch gezeigt hatte, verließ ihn nach dieser Demütigung. Er wurde nüchterner und vorsichtiger.

Entgegen seiner früheren politischen Linie wurde Gandhi nun geradezu zum Geburtshelfer der Kongressregierungen in den Provinzen Britisch-Indiens. Der Kongress hatte zunächst die Bedingung gestellt, nur dann die Regierungsverantwortung zu übernehmen, wenn die Gouverneure erklärten, dass sie von ihren Notstandsbefugnissen, die die Minister zu Marionetten in ihren Händen machten, keinen Gebrauch machen würden. Die Gouverneure hatten darauf geantwortet, dass sie ihre verfassungsmäßigen Rechte nicht aufgeben könnten, selbst wenn sie es wollten. Darauf überließ der Kongress seinen Rivalen die Regierungsbildung und musste zusehen, wie diese nun das Wahlprogramm des Kongresses umsetzten, um daraus politisches Kapital zu schlagen. Das war unerträglich, und schließlich gelang es Rajagopalachari, dem alten Weggefährten Gandhis und Schwiegervater seines Sohnes Ramdas, mit dem Gouverneur von Madras eine Absprache zu treffen, der zufolge dieser ihm freie Hand beim Regieren der Provinz lassen würde. Gandhi akzeptierte dies anstelle des von den Gouverneuren geforderten Verzichts auf ihre Notstandsbefugnisse und gab das Signal zur Regierungsbildung in allen sieben Provinzen, in denen der Kongress die Mehrheit errungen hatte. Gandhi nahm dann auch regen Anteil an der Besetzung der Ministerposten und schlichtete Streitigkeiten von Rivalen innerhalb der Landesverbände.

In diesem Zusammenhang traf Gandhi eine folgenschwere Entscheidung, deren Bedeutung er damals noch nicht abschätzen konnte. Wieder einmal ging es um Jinnah, dessen Muslimliga bei den Wahlen sehr schlecht abgeschnitten hatte. Die Liga hatte praktisch dasselbe Wahlprogramm wie der Kongress und bot sich als idealer Koalitionspartner an. Jinnah hatte gehofft, dass alle Muslime in ihren separaten Wählerschaften für die Liga stimmen würden und er eine gute Verhandlungsposition haben würde. Nur hatte eben auch der Kongress muslimische Kandidaten aufgestellt, und daneben gab es auch noch Regionalparteien, die der Liga den Rang streitig machten. Jinnah war enttäuscht, und er wurde es noch mehr, als die letzte kleine Chance verloren ging, die sich ihm noch zu bieten schien. In der Provinz Bombay war der Kongress zwar die stärkste Partei geworden, hatte aber nicht die absolute Mehrheit. Der Regierungschef B. G. Kher hätte Jinnah gern einen Ministerposten angeboten, aber Gandhi war dagegen. Er sah wohl nicht ein, warum er Jinnah, der politisch gescheitert zu sein schien, den Weg zum Wiederaufstieg ebnen sollte. Der verbitterte Jinnah sah sich so in Richtung «Pakistan» gedrängt. Gandhis Entscheidung, Jinnah keinen Ministerposten in Bombay einzuräumen, bedeutete eine Weichenstellung, die sich verhängnisvoll auswirken sollte.

Nachdem der Kongress Landesregierungen gebildet hatte, kam es zu Spannungen innerhalb des Kongresses, die Gandhi viel Kopfzerbrechen bereiten sollten. Um den Primat des Freiheitskampfes hervorzuheben, hatte der Kongress eine problematische Resolution gefasst. Die Regierungsbildung sollte nur als Fortsetzung des Kampfes mit anderen Mitteln gelten. In diesem Sinne wurden die Minister sozusagen auf Abruf in die Regierung entsandt, mussten aber ihre Kongressämter aufgeben und wurden in ihnen von Leuten abgelöst, die noch nicht «ministrabel» waren, aber nun ihre neuen Machtstellungen gegen die Minister ausspielten. Der Kongress spaltete sich geradezu in einen «ministeriellen» und einen «organisatorischen» Flügel, der erstere folgte Gandhi und seinen alten Mitstreitern, während sich im letzteren «linke» Elemente sammelten. Was das konkret für Gandhi bedeuten sollte, zeigte sich bei der Wahl des Kongresspräsidenten. Hier konnte sich ein Rivale profilieren und Gandhis Führung erfolgreich angreifen.

2. Der Sturz eines Rivalen

Der Rivale, der Gandhi entgegentrat, war der Bengale Subhas Chandra Bose. Er war die tragische Gestalt des indischen Freiheitskampfes. Er wurde zum Opfer widriger Umstände – sei es bei seinem Konflikt mit Gandhi oder bei seinem enttäuschenden Treffen mit Hitler und danach bei seinem Einsatz an der Seite der Japaner. Er stand zunächst Jawaharlal Nehru als einer der Führer der radikalen jungen Generation im Kongress nahe, aber er hatte Gandhi nie so nahe gestanden wie Nehru und wagte es schließlich, Gandhi herauszufordern, was Nehru niemals getan hat. Bose war kein Faschist, aber er glaubte an die alte Regel «Der Feind Deines Feindes ist Dein Freund». Das lief Gandhis Denken völlig zuwider, und es war nicht einmal kluge Realpolitik, wie Bose bei seinem Treffen mit Hitler mit Bedauern zur Kenntnis nehmen musste.

Gandhi hatte dafür gesorgt, dass Bose 1938 als Nachfolger Nehrus zum Kongresspräsidenten gewählt wurde. Doch schon ehe das geschah, hatte Gandhi bemerkt, dass er sich auf Bose nicht verlassen konnte. Bose hatte eine Resolution eingebracht, die die Aktivitäten des Kongresses in den Fürstenstaaten betraf, von denen Gandhi abgeraten hatte, weil er keinen Zweifrontenkrieg gegen Briten und Fürsten führen wollte. Da hatte Gandhi auf einem Zettel, den er Vallabhbhai Patel während der Sitzung zusteckte, unter anderem vermerkt: «Ich habe beobachtet, dass auf Subhas kein Verlass ist. Aber es gibt niemanden, der an seiner Stelle Präsident werden könnte.» Gandhi vertraute Bose nicht mehr, obwohl dieser alles tat, um jeden Konflikt mit ihm zu vermeiden. Er wollte wiedergewählt werden und glaubte, Anspruch darauf zu haben, weil ja auch Nehru vor ihm zwei Jahre im Amt gewesen war. Gandhi aber wollte 1939 Maulana Abul Kalam Azad zum Kongresspräsidenten gewählt sehen. Azad war sein alter Mitstreiter aus den Tagen der Khilafat-Bewegung. Gandhi wollte ein Zeichen setzen, dass die Muslime im Kongress gut aufgehoben seien, weil die Muslimliga zu jener Zeit die Kongressregierungen angriff. Azad aber lebte in Kolkata und gehörte dem bengalischen Landesverband des Kongresses an. Er wollte daher nicht gegen Bose antreten. Als Notlösung setzte Gandhi dann auf Dr. Pattabhi Sitaramayya, den Chronisten des Nationalkongresses. Bose zog seine Kandidatur nicht zurück und schlug Gandhis Kandidaten aus dem Felde. Er wurde vom «organisatorischen» Flügel des Kongresses unterstützt. Gandhi erklärte sofort ausdrücklich, dass dieser Sieg seine eigene Niederlage sei, und rief damit seine Gefolgschaft zum Kampf gegen Bose auf, wobei er aber zugleich verkündete, Bose habe nun das Recht, einen Arbeitsausschuss nach seinem Gutdünken zu ernennen. Das bedeutete im Klartext, dass die alten Gandhianer des Arbeitsausschusses zurücktreten sollten, was sie auch sofort taten. Die Lage war für Nehru besonders peinlich. In seiner Amtszeit hätte er die alte Mannschaft des Arbeitsausschusses gern in die Wüste geschickt, aber als nun Bose Gandhi herausforderte, musste er sich notgedrungen auf die Seite der Gandhianer im Arbeitsausschuss schlagen. Doch anstatt mit ihnen zurückzutreten, veröffentlichte er eine seltsame Stellungnahme, der zufolge der Arbeitsausschuss praktisch aufgehört habe zu existieren. Nehru hatte akzeptiert, dass er bei Gandhi die zweite Geige spielen musste, aber er hätte das nicht gern bei Bose getan, der letztlich auch sein Rivale war, wenn es um die zukünftige Führungsposition im Kongress ging.

Das AICC verabschiedete schließlich eine Resolution, die Bose dazu aufforderte, einen neuen Arbeitsausschuss zu ernennen, dabei aber dem Rat Gandhis zu folgen. Gandhi erteilte keinen solchen Rat. Er war nicht anwesend, als diese Resolution verschiedet wurde, und fand sie gar nicht gut. Er nahm auch an der Kongresssitzung nicht teil und hatte dafür ein gutes Alibi. Er fastete zu dieser Zeit in seinem Heimatstaat, dem Fürstenstaat Rajkot, wo der Fürst und seine Beamten die demokratische Entwicklung hintertrieben. Bose war davon überzeugt, dass Gandhi diese Sache auf die Spitze getrieben hatte, um ihn im eigenen Saft schmoren zu lassen. Auch Nehru nahm er sein Verhalten zu jener Zeit sehr übel. Bose trat schließlich als Kongresspräsident zurück, in der Hoffnung, dann wiedergewählt zu werden, obwohl er nicht sicher sein konnte, ob die, die ihn gewählt hatten, noch zu ihm stehen würden. Er verlangte, dass der Generalsekretär des Kongresses unverzüglich eine Neuwahl abhalten sollte. Doch das AICC, dem er in Anwesenheit Gandhis dies vortrug, gab ihm diese Chance nicht, sondern machte von der Regelung Gebrauch, im Notfall selbst einen neuen Präsidenten wählen zu dürfen. Gewählt wurde Dr. Rajendra Prasad, ein alter Gefolgsmann Gandhis, und Bose hatte das Nachsehen. Er wurde nun zum Präsidenten des bengalischen Landesverbands gewählt und wagte auch in dieser Eigenschaft, Gandhi und seine Gefolgschaft anzugreifen. Damit war er endgültig zu weit gegangen, und Gandhi entwarf persönlich die Resolution, mit der Bose seines Amtes enthoben und für weitere drei Jahre von jeglichen Ämtern im Kongress ausgeschlossen wurde. Gandhi hatte seinen Rivalen erbarmungslos ausgeschaltet. Ein Grund für dieses Verhalten war Gandhis Befürchtung, Bose könnte den Kongress mit Beginn des Zweiten Weltkriegs in ein Abenteuer verwickeln, das ein schreckliches Ende nehmen würde. Bose vertraute auf Hilfe von außen, und Gandhi hielt dies grundsätzlich für falsch und wusste zudem, dass ein radikaler Einsatz im Freiheitskampf nicht den nötigen Rückhalt haben würde und von den Briten blutig niedergeschlagen werden konnte.

3. Der Zweite Weltkrieg

Der Ausbruch des Zweiten Weltkriegs war in Indien schon längst erwartet worden, aber mit Ausnahme von Boses abenteuerlichen Plänen gab es bei der Kongressführung keine konkreten Ideen, was man bei Kriegsausbruch tun sollte. Außer bei Bose und seiner Gefolgschaft gab es bei den Kongresspolitikern keine Sympathien für die faschistischen Regierungen. Nehru war ein überzeugter Antifaschist, und Gandhi befürchtete, dass sein geliebtes London vom Feind zerstört werden könnte. Ein geschickter Vizekönig hätte diese Stimmung nützen können, um den Kongress für die Unterstützung der Briten im Krieg zu gewinnen. Doch Lord Linlithgow, der 1936 Willingdon abgelöst hatte, war ein schwerfälliger Mann und ein treuer Statthalter Churchills. Er unterschrieb die Kriegserklärung im Namen

Indiens ohne weitere Konsultationen. Überdies blieb Churchill den Indern jede Erklärung der Kriegsziele schuldig. Da er ein überzeugter Imperialist war, konnte man von ihm auch nichts anderes erwarten. So sah sich der Kongress dazu gezwungen, die Zusammenarbeit aufzukündigen. Die Kongressregierungen traten zurück. Danach war die Kongressführung recht verlegen darum, was sie nun tun sollte. Gandhi war von Hitlers Blitzkrieg fasziniert. Er schien zu siegen, ohne viel Blut zu vergießen. Auch nahm Gandhi wohlwollend zur Kenntnis, dass Hitler ein Vegetarier war, bemerkte aber auch, dass die Anwendung nackter Gewalt mit wissenschaftlicher Präzision das Geheimnis seines Erfolges sei. Gandhi schrieb sogar Briefe an Hitler, um ihn zur Vernunft zu bringen, doch die wurden natürlich von den Briten abgefangen.

Der rasche Vormarsch Hitlers erschreckte die britische Regierung. Sir Stafford Cripps, der Gandhi und Nehru noch im Dezember 1939 in Indien besucht hatte, setzte sich für die Bildung einer nationalen Regierung ein, fand aber in London kein Gehör. Eine solche Regierungsbildung hätte darin bestanden, dass der Vizekönig Vertreter aller indischen Parteien in seinen Exekutivrat berufen hätte. Ein Jahr nach Kriegsbeginn machte der Vizekönig im Einvernehmen mit Churchill tatsächlich ein Angebot zur Bildung einer solchen Regierung. Patel und Rajagopalachari waren davon so beeindruckt, dass sie bereit waren, sich Gandhis Pazifismus zu widersetzen und den Kongress zur Annahme des Angebots zu bewegen, wenn die britische Regierung nach Kriegsende Indien die Unabhängigkeit gewähren würde. Dazu war Churchill nicht bereit. Linlithgow, der wusste, dass der Kongress das Angebot ablehnen würde, bereitete eine Verordnung vor, mit der der Kongress beim kleinsten Zeichen des Widerstandes unterdrückt werden konnte. Gandhi bereitete darauf eine Kampagne des «individuellen Satyagraha» vor, an der er selbst nicht teilnahm, weil seine Verhaftung einen allgemeinen Aufstand hätte auslösen können. Er wählte einzelne prominente Kongressmitglieder aus, die öffentlich Reden gegen den Krieg halten sollten, um damit ihre Verhaftung zu provozieren. Nehru und Vinoba Bhave wurde dieses Privileg zuerst zuteil, ihnen folgten viele andere. Insgesamt wurden 25 000 Satyagrahis im Rahmen dieser Kampagne verhaftet.

Als die Japaner 1941 in den Krieg eintraten, änderte sich die Lage dramatisch. Die Regierung entließ die Satyagrahis und ermöglichte es dem Arbeitsausschuss, zum ersten Mal seit 14 Monaten wieder zusammenzukommen. Es wurde nun eine Resolution verabschiedet, die der vom Juli 1940, die Patel und Rajagopalachari damals eingebracht hatten, sehr ähnlich sah. Diesmal rechnete die Kongressführung auf größeres Entgegenkommen seitens der Briten, weil sich der Krieg mit Windeseile Indien näherte. Roosevelt setzte Churchill unter Druck, und der ging im März 1942 tatsächlich so weit, Indien die Unabhängigkeit nach Kriegsende zu versprechen, wenn sofort eine nationale Regierung gebildet würde. Als Linlithgow davon in Kenntnis gesetzt wurde, kündigte er seinen Rücktritt an.

Zu diesem Zeitpunkt bot Sir Stafford Cripps, der gerade als britischer Botschafter in Moskau sehr erfolgreich gewesen war und nun dem britischen Kriegskabinett angehörte, Churchill an, nach Indien zu fliegen, um dort über die Bildung einer nationalen Regierung zu verhandeln. Cripps hätte wohl selbst gern Linlithgow abgelöst, Churchill aber dachte gar nicht daran, Linlithgows Rücktritt zu akzeptieren, und war auch davon überzeugt, dass die Cripps-Mission, wie sie nun genannt wurde, zum Scheitern verurteilt war. Aber Roosevelt gegenüber hatte Churchill nun ein gutes Alibi. Cripps übernahm die selbstgewählte Aufgabe mit großer Begeisterung und unterrichtete Linlithgow über alles, was er tat, obwohl er ihn nicht schätzte. Linlithgow betrachtete jedoch die Cripps-Mission als eine unliebsame Einmischung in seine Amtsführung und tat alles, um sie zu torpedieren – wobei ihm Churchill den Rücken stärkte. Cripps ahnte das nicht und machte Gandhi für den Fehlschlag seiner «Mission» verantwortlich.

Cripps hielt sein Angebot für gut: Dominion-Status nach dem Krieg bei sofortiger Bildung einer nationalen Regierung, der gegenüber der Vizekönig sich wie ein konstitutioneller Monarch verhalten würde. Als Cripps nach seiner Ankunft Gandhi traf, hatte der zu ihm gesagt, wenn er kein besseres Angebot machen könne, dann solle er lieber wieder mit dem nächsten Flugzeug nach London zurückkehren. Gandhi war dann nach Wardha abgereist und hatte sich nicht in die weiteren Verhandlungen eingemischt, die von Nehru und Azad im Namen des Nationalkongresses geführt wurden. Diese Verhandlungen gerieten ins Stocken, als Cripps eingestehen musste, dass die Inder während des Krieges nicht das Verteidigungsministerium übernehmen könnten und dass es vom Vizekönig abhänge, inwieweit er sich an die Grenzen hielte, die einem konstitutionellen Monarchen gesetzt seien. Linlithgow machte dem Kongress in dieser Hinsicht keine Zusagen und wartete ab, bis Cripps am Ende seiner Weisheit war. Er war als Freund des Kongresses gekommen und reiste als dessen erbitterter Kritiker ab.

4. «Tat oder Tod»

Nachdem der Kongress das Cripps-Angebot abgelehnt hatte, konnte er nicht einfach resignieren, sondern musste ein Zeichen setzen. Gandhi war wieder gefragt. Er sandte dem AICC, das im April 1942 in Allahabad tagte, einen Resolutionsentwurf, in dem er den Rückzug aller ausländischen Truppen, einschließlich der britischen, aus Indien forderte. Er war der Meinung, die Briten könnten Indien ohnehin nicht gegen die Japaner verteidigen, da die Inder aber keine Feinde der Japaner seien, würden sie mit ihnen schon auskommen. Nehru war da anderer Meinung. Er überarbeitete die Resolution, in der nun davon die Rede war, dass man zwar die Anwesenheit ausländischer Truppen in Indien bedauere, aber nicht ihren Abzug fordere. Gandhi führte zu dieser Zeit lange Gespräche mit seinem amerikanischen Biographen Louis Fischer, der ihn davon überzeugte, dass Briten und Amerikaner unmöglich Indien den Japanern kampflos überlassen könnten. Gandhi lenkte ein und akzeptierte den Verbleib der Truppen. Er schrieb in diesem Sinne sogar am 1. Juli 1942 einen Brief an Roosevelt, den er Fischer mitgab. Im Übrigen war Gandhi aber gegen die Bildung einer nationalen Regierung und plante eine Kampagne, mit der er die Briten auffordern wollte, Indien zu verlassen («Quit India»). Für die Kampagne gab er die Losung «Tat oder Tod» aus. Dies war ein von Gandhi verändertes Zitat aus einem Gedicht von Lord Tennyson.

Tennyson hatte dieses Gedicht zur Zeit des Krimkriegs geschrieben. Es ging um eine Kavalleriebrigade, die wusste, dass ihr Einsatz zum Scheitern verurteilt war und sie das Opfer einer falschen Entscheidung werden würde. Dennoch zog sie mit eiserner Disziplin dem sicheren Tode entgegen. Bei Tennyson hieß es «do and die», Gandhi aber wandelte das in «do or die» um. «Tat oder Tod» war also eine Alternative, der Tod kam, wenn man die Tat nicht wagte, und nicht, weil man sie wagte. Zugleich aber faszinierte Gandhi die bedingungslose Disziplin der todgeweihten Soldaten, und er wollte diese im Sinne eines gewaltfreien Einsatzes fordern. Die Briten sahen das nicht so, sondern verstanden es als Schlachtruf und waren entschlossen, Gandhis Kampagne zu verhindern, koste es, was es wolle.

Bevor Gandhi seine Losung ausgeben konnte, musste der Kongress die «Quit India»-Resolution verabschieden, um die es beträchtliche Debatten gegeben hatte. Gandhis Entwurf war Nehru zu pro-japanisch erschienen, und er hatte ihn umgeschrieben. Gandhi akzeptierte Nehrus Version und hielt dann eine Rede, die die Losung «Tat oder Tod» enthielt, aber noch keinerlei Andeutung machte, was für eine Tat er erwartete. Aufgrund früherer Erfahrungen glaubte er, dass die Regierung ihn nicht sofort verhaften lassen werde, sondern erst auf konkrete Handlungen reagieren würde. Doch während die Handlungen noch auf sich warten ließen, war die Regierung schnell bei der Hand und verhaftete die gesamte Kongressführung. Linlithgow hatte sogar vor, sie für die Dauer des Krieges nach Südafrika zu deportieren, doch davon rieten ihm etliche Gouverneure ab, die meinten, das könne der Regierung als Armutszeugnis ausgelegt werden.

Da Gandhi gar keine Gelegenheit hatte, eine Kampagne zu planen, wird es für immer ein Rätsel bleiben, was er vorhatte. Er hätte wohl entweder eine neue symbolische Geste konzipiert wie zur Zeit des Salzmarsches oder aber eine Kombination früherer Boykottaktionen empfohlen. Auf alle Fälle war er nicht für die Aktionen verantwortlich, die bald nach seiner Verhaftung von der jungen Generation im Kongress begonnen wurden. Sie zerstörten Telegraphendrähte und Eisenbahnschienen, besetzten Regierungsgebäude und ersetzten die britische Fahne durch die Kongressfahne, wo immer dies möglich war. Diese Rebellion, die die Briten natürlich leicht unterdrücken konnten, war nur von kurzer Dauer. Sie wurde als «August-Revolution» bekannt, weil sie in diesem Monat begann und endete.

Natürlich hätte alles ganz anders ausgehen können, wenn die Japaner zu dieser Zeit in Indien gelandet wären und Subhas Chandra Bose und seine Indian National Army mitgebracht hätten. Aber Linlithgow hatte Glück, die Japaner landeten nicht, und die Lage veränderte sich zugunsten der Alliierten. Im Februar 1943 endete die Schlacht von Stalingrad mit einer vernichtenden Niederlage Deutschlands. Zu dieser Zeit fastete Gandhi im Gefängnis, weil Linlithgow ihm in einem Weißbuch die Verantwortung für die «August-Revolution» angelastet hatte. Linlithgow nahm das Fasten ungerührt hin und ließ sogar schon einen Stapel Sandelholz in Gandhis Gefängnis schaffen, damit seine Leiche ordnungsgemäß verbrannt werden konnte, falls er sich zu Tode fastete. Ohne Zweifel war Linlithgow ein umsichtiger Verwaltungsbeamter – was immer man auch sonst über ihn sagen mochte.

VII. Der einsame Mahner

1. Jinnah und Pakistan

Während Gandhi und die Kongressführung im Gefängnis saßen, gewann Jinnah immer mehr an politischem Gewicht. Er nutzte die Regeln des britischen Spiels «Teile und herrsche» zu seinen Gunsten. Doch er riskierte dabei viel; manchmal war er nahe daran, die Kontrolle zu verlieren. Er hatte seinen Erfolg dem Verrat an der muslimischen Diaspora zu verdanken, deren Führer er früher gewesen war. Es waren dies die muslimischen Minderheitsgebiete, die nach der Teilung in Indien verbleiben sollten. Als Rahmat Ali 1933 in Cambridge den Plan zur Gründung Pakistans veröffentlichte, hatte er ihn abgelehnt, weil er den Interessen der Diaspora zuwiderlief, die in Pakistan keine Heimat finden konnte. Pakistan ist ein Akronym, zusammengesetzt aus den Anfangsbuchstaben der Provinzen Panjab, Afghan Province (= Northwest Frontier Province), Kaschmir und Sind und der Endsilbe von Baluchistan. An das spätere Ost-Pakistan – das heutige Bangladesh – hatte Rahmat Ali zunächst gar nicht gedacht. Auf der Sitzung der Muslimliga in Lahore im Frühjahr 1940 ließ Jinnah jedoch eine Resolution verabschieden, die die Gründung Pakistans zum Gegenstand hatte, wobei der Name zu diesem Zeitpunkt noch nicht erwähnt wurde.

Jinnahs Gesinnungswandel setzte zu Beginn des Zweiten Weltkriegs ein, als die Kongressministerien zurücktraten und die britischen Gouverneure wieder die Regierung in den Provinzen übernahmen, die hinduistische Mehrheiten und muslimische Minderheiten beherbergten, während in den Provinzen Panjab und Bengalen, die muslimische Mehrheiten hatten, die von Regionalparteien gebildeten Regierungen im Amt blieben. Jinnah stützte sich bisher auf die Provinzen mit muslimischen Minderheiten, er und seine Muslimliga hatten im Panjab und Bengalen keine Hausmacht. Nun musste er sozusagen die

Pferde wechseln und sich als nationaler Führer der Mehrheitsprovinzen profilieren, ohne dabei deren Ministerpräsidenten zu nahe zu treten, die ihre Hausmacht eifersüchtig wahrten. Er musste sich auf übergeordnete Interessen berufen und tat dies mit seiner Zwei-Nationen-Theorie, die er auf der Sitzung in Lahore verkündet hatte. Hindus und Muslime, so behauptete er, seien zwei verschiedene Nationen, und als solche hätten sie auch Anspruch auf eigene Nationalstaaten. Dass die Grenzziehung angesichts der verstreuten Minderheit sehr problematisch sein dürfte, diskutierte er nicht. Er hielt sich in dieser Hinsicht lange Zeit bedeckt. Es kam ihm dabei zugute, dass in den nordindischen Sprachen das arabische Lehnwort *qaum* sowohl Nation als auch Religionsgemeinschaft bedeutet. Muslime konnten sich daher unter «Pakistan» eine Art religionsgemeinschaftlicher Autonomie in Analogie zu den separaten Wählerschaften vorstellen und das Problem der territorialen Abgrenzung vergessen.

Jinnah spielte während des Kriegs seine Karten sehr geschickt. Er hütete sich, als Handlanger der Briten zu erscheinen. Nachdem der Kongress das Cripps-Angebot abgelehnt hatte, tat er es auch. Die Muslimliga allein hätte ohnehin keine nationale Regierung bilden können. Natürlich unterstützte er die «Quit India»-Resolution nicht. Doch wenn die Briten tatsächlich Indien verlassen hätten, so wäre ihm nichts anderes übrig geblieben, als sich mit dem Kongress zu arrangieren. Umso mehr konnte er es nun genießen, dass ihn Gandhi 1944 um ein Gespräch bat.

Gandhi war am 6. Mai 1944 aus gesundheitlichen Gründen vorzeitig aus der Haft entlassen worden, während die Kongressführung weiterhin im Gefängnis blieb. Er war nun ein einsamer Mann. Sein engster Mitarbeiter Mahadev Desai war bereits 1942 im Gefängnis verstorben und seine Frau Kasturba 1944 kurz vor seiner Entlassung. Dies sollte Gandhis letzter Gefängnisaufenthalt gewesen sein. Insgesamt hatte er in seinem Leben mehr als fünf Jahre in Gefangenschaft verbracht. Er wusste um Jinnahs neugewonnene Machtstellung und den Pakistanplan, der nun schon in aller Munde war. Nun wollte er, noch ehe die

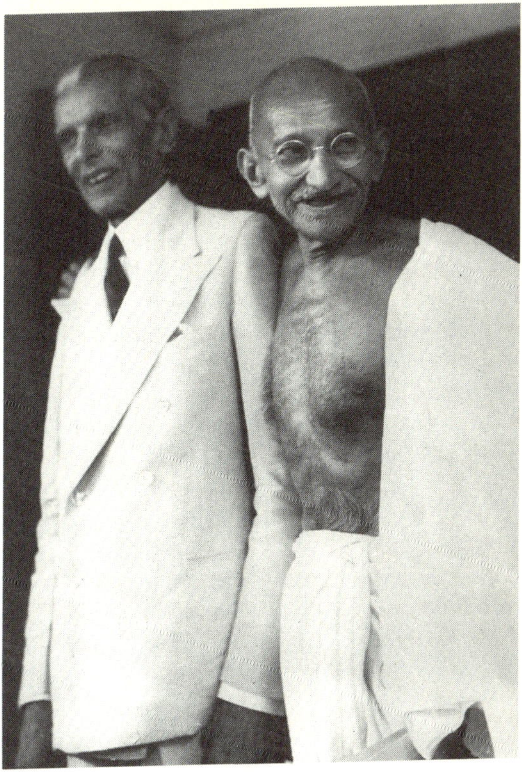

Abb. 4: Am 9. September 1944 trafen sich Mahatma Gandhi und Muhammad Ali Jinnah in Mumbai, um über den Konflikt zwischen Hindus und Muslimen zu beraten.

Kongressführung aus der Haft entlassen war, im Alleingang Jinnah zur Rede stellen. Er machte einen Vorschlag zum Gesprächsgegenstand, den Rajagopalachari schon 1942 gemacht hatte, den Gandhi und die Kongressführung damals aber abgelehnt hatten. Der Vorschlag beinhaltete, dass der Kongress den Pakistanplan akzeptierte, dass aber nach Kriegsende die Territorien mit muslimischer Mehrheit demarkiert und dort Volksabstimmungen abgehalten werden sollten.

Gandhi war überrascht, als Jinnah bei ihrem ersten Gespräch am 9. September 1944 erklärte, dass er diesen Vorschlag verabscheue. Jinnah hatte sich bisher gehütet, territoriale Grenzen zu nennen, und Volksabstimmungen lehnte er in diesem Zusammenhang grundsätzlich ab. Auch Gandhi konnte ihn nicht zwingen, seine Karten auf den Tisch zu legen. Er ließ daher diesen Vorschlag beiseite, beharrte aber auf der Volksabstimmung und verlangte ferner, dass vor einer Teilung ein Staatsvertrag geschlossen werden sollte, der die Beziehungen der beiden Nachfolgestaaten Britisch-Indiens zueinander regelte. Hiermit lieferte Gandhi Jinnah ein Argument, das sich nicht widerlegen ließ. Jinnah entgegnete nämlich, dass ein Staatsvertrag erst nach einer Teilung geschlossen werden könne, weil vorher ja gar keine Vertragspartner existierten. Jinnah konnte triumphieren, als die Gespräche an diesem Punkt abbrachen. Er hatte Gandhi mit juristischen Argumenten in die Enge getrieben und sich selbst keine Blöße gegeben. Dabei hatte Gandhi im Prinzip den Pakistanplan gebilligt. Er sah erst später ein, dass er eine ganz andere Vorgehensweise hätte wählen sollen. Eine Aufforderung, sich sofort an der Bildung einer nationalen Regierung zu beteiligen, hätte Jinnah kaum ablehnen können, denn der neue Vizekönig Lord Wavell, der wusste, welche Probleme bei Kriegsende auf ihn zukamen, wünschte sich dringend eine solche nationale Regierung. Jinnah aber wollte die Beteiligung an einer solchen Regierung nicht zusagen, ehe die Briten nicht auch den Pakistanplan akzeptierten. Er betonte nach dem Abbruch der Gespräche, dass Gandhi die Bildung einer nationalen Regierung nie zur Sprache gebracht habe. Er konnte das mit Erleichterung feststellen, denn Gandhi hätte ihn damit in große Verlegenheit bringen können. Jinnah hatte nach Punkten gesiegt, und Gandhi war mit seiner Initiative kläglich gescheitert. Dazu hatte er Jinnah durch die Gespräche sehr aufgewertet, was er zuvor immer bewusst vermieden hatte. Von nun an ging Gandhi Jinnah aus dem Wege und setzte sich nicht wieder mit ihm an einen Verhandlungstisch.

Die nächste Runde, die Jinnah gewann, ergab sich bei der Simlakonferenz vom Juli 1945, die der Vizekönig Lord Wavell einberief, um endlich eine nationale Regierung bilden zu können. Wavell war sich als General der Probleme bewusst, die die nun bevorstehende Demobilisierung der britisch-indischen Armee mit sich brachte. Rund zwei Millionen indische Soldaten hatten an verschiedenen Fronten den Briten zur Seite gestanden. Nach dem Krieg konnte die britisch-indische Armee höchstens eine Stärke von 500 000 Mann haben. Jinnah stand auf dieser Konferenz nicht mehr Gandhi, sondern der Kongressführung gegenüber. Kongresspräsident war zu dieser Zeit Maulana Abul Kalam Azad. Umso absurder erschien Jinnahs Anspruch, dass die Muslimliga bei einer Beteiligung an einer nationalen Regierung alle muslimischen Minister stellen müsse. Jinnah spielte mit hohem Einsatz, hätte Wavell sich über sein Veto hinweggesetzt, hätte er verloren. Doch die britische Regierung, die Wavell erlaubt hatte, die Konferenz einzuberufen, erlaubte es ihm nicht, sich Jinnahs Veto zu widersetzen. Churchill sagte später, er habe die Einberufung der Konferenz Wavell nur zugestanden, weil er von ihrem Scheitern überzeugt war. Churchill hatte wohl Jinnah den Rücken gestärkt, und dieser konnte sich daher seiner Sache sicher sein.

Kurz nach der Simlakonferenz verlor Churchill die Wahlen, die nach Kriegsende fällig waren, weil das Kriegskabinett aufgelöst werden musste. Völlig überraschend gewann die Labour Party, und Clement Attlee wurde Premierminister. Er war im Kriegskabinett Vorsitzender des Indienausschusses gewesen und daher bestens informiert. Man hätte von ihm erwarten können, dass er Wavell sofort Beistand bei der Bildung einer nationalen Regierung geleistet hätte. Auch eine Regierungserklärung zur Indienpolitik wäre fällig gewesen. Doch es geschah nichts. Cripps gehörte Attlees Kabinett an und übernahm nun wohl die führende Rolle in der Indienpolitik. Er hatte immer noch nicht begriffen, dass Churchill 1942 die Cripps-Mission torpediert hatte, und nahm dem Kongress und Gandhi den Fehlschlag weiterhin übel. Aus London verlautete daher nur, das Cripps-Angebot von 1942 gelte weiterhin. Das war nach Lage der Dinge völlig anachronistisch.

Inzwischen hatte Wavell mit Erlaubnis der Regierung selbst

eine Kabinettsliste für eine nationale Regierung zusammengestellt. Er durfte sie Jinnah zeigen, aber sonst niemandem. Die Liste enthielt keinen Muslim aus dem Nationalkongress, dafür aber einen aus dem Panjab, der nicht der Muslimliga angehörte. Jinnah legte wieder sein Veto ein. Wavell konnte keine nationale Regierung ernennen und durfte nicht einmal die Gründe dafür nennen. Jinnah hatte wieder einmal gesiegt.

Attlee befahl nun dem unglückseligen Wavell, zunächst einmal Wahlen in Indien abzuhalten. Das war unter den gegebenen Umständen sehr problematisch. Wavell meldete nach London, dass im Wahlkampf allerlei Behauptungen aufgestellt würden, die er nicht entkräften könne, weil er nicht wisse, was die britische Regierung wolle. Er gab dem Indienminister Lord Pethick-Lawrence den Rat, er solle doch den alten parlamentarischen Trick anwenden und einen Abgeordneten Fragen zu solchen Problemen stellen lassen, die der Minister dann gezielt beantworten könne. Vom Indienminister kam daraufhin die hilflose Antwort, er wolle das lieber nicht tun, denn sonst kämen im Parlament vielleicht auch Fragen auf, die er nicht zu beantworten wisse. Bei diesem Stand der Dinge war es nicht verwunderlich, dass Jinnah das politische Feld uneingeschränkt beherrschen konnte. Die Wahlen sollten das bestätigen. Was Jinnah 1937 erhofft, aber nicht erreicht hatte, trat nun ein. Die Muslime stimmten in ihren separaten Wählerschaften mit großer Mehrheit für die Muslimliga.

Gandhi hatte an diesen Wahlen überhaupt kein Interesse gezeigt. Er war ein einsamer Mahner geworden, den zu dieser Zeit ganz andere Probleme beschäftigten. Er befürchtete, dass die neuen Machtverhältnisse, die sich in der Weltpolitik ergeben hatten, eine ganz neue Bedrohung der Freiheit Indiens bedeuten könnten. Die Atombombe könnte vielleicht als Machtmittel eingesetzt werden, um eine neue Weltherrschaft zu errichten, der sich Indien zu beugen hätte.

2. Die Herausforderung durch die Atombombe

Am 6. August 1945 warf die amerikanische Luftwaffe die erste Atombombe auf Hiroshima ab, ihr folgte am 9. August die zweite, die Nagasaki traf. Die Welt war sprachlos, viele Menschen erwarteten, dass Gandhi die schreckliche Tat verurteilen werde. Er hatte in früheren Jahren oft zu den Gräueltaten Hitlers Stellung genommen. Sein gewaltfreier Einsatz hatte die Herzen vieler Menschen gewonnen. Der Abwurf der Atombombe stand in so großem Gegensatz zu allem, was Gandhis Leben und Werk bedeutete, dass er ein deutliches Wort dazu sagen musste – doch Gandhi schwieg. Andere machten Aussagen, die ihm zugeschrieben wurden, und so sah er sich genötigt, in einem Telegramm an die Londoner *Times* am 21. September 1945 zu erklären: «Ich habe niemals öffentlich zur Atombombe Stellung genommen.» Der amerikanische Pressekorrespondent Preston Grover konnte nicht glauben, dass Gandhi nichts zur Atombombe zu sagen hatte, und bat ihn um eine Stellungnahme. Gandhi antwortete ihm: «Ich habe Ihren Brief bei mir behalten und darüber nachgedacht, was ich tun soll. Je mehr ich darüber nachdenke, umso mehr habe ich das Gefühl, dass ich nichts über die Atombombe sagen soll. Ich muss handeln, wenn ich es kann. Wenn Sie ein Journalist von der rechten Art sind, dann sollten Sie mir helfen, über solche Dinge zu schweigen.» Wie kann man dieses wohlüberlegte Schweigen Gandhis zu einer so brennenden Frage erklären?

In seinem Vortrag «Politik als Beruf» hat Max Weber den Unterschied zwischen Gesinnungsethik und Verantwortungsethik definiert. Als Beispiel für die Gesinnungsethik erwähnte er die Bergpredigt. Wer dieser Ethik folgt, wird alles, sogar sein Leben, dafür geben, das zu verteidigen, woran er glaubt. Der Politiker kann das nicht tun, weil er die Verantwortung für die Folgen seiner Taten und Stellungnahmen trägt, die das Schicksal anderer Menschen bestimmen können. Weber hielt diesen Vortrag 1919 vor jungen Männer, die aus dem Krieg zurückgekehrt waren und gesinnungsethische Führung suchten, aber den Politikern misstrauten. Bei ihnen wollte er Verständnis für die Verantwortungsethik des Politikers wecken. Gandhi wurde von allen Menschen seiner Zeit als Gesinnungsethiker gesehen, doch der Herausforderung durch die Atombombe begegnete er als Verantwortungsethiker, dem das Schicksal Indiens am Herzen lag. Er war durch den Abwurf der Atombombe zutiefst betroffen, wie sich aus Bemerkungen gegenüber Freunden und Mitarbeitern herauslesen lässt. Doch welche Befürchtungen waren es, die ihn dazu bewogen, als Verantwortungsethiker über die Atombombe zu schweigen?

Die weltpolitische Machtkonstellation jener Zeit bedrückte Gandhi sehr. Er traute den Großen Drei nicht, die nun das Schicksal der Menschheit bestimmten, und befürchtete, dass sie im gegenseitigen Einvernehmen Indien die Freiheit verweigern könnten. Die Atombombe könnte dazu dienen, eine Herrschaft über Indien zu errichten, die die britische Kolonialherrschaft in den Schatten stellen und praktisch unangreifbar sein würde. Wenn die Amerikaner nicht gezögert hatten, die Atombombe auf Japan abzuwerfen, warum sollten sie es nicht auch in Indien tun, wenn es dazu dienen könnte, die indische Freiheitsbewegung ein für allemal zu zermalmen. Gandhi sagte das nicht ausdrücklich, und im Nachhinein mag eine solche Befürchtung absurd erscheinen. Doch an Äußerungen, die später zitiert werden sollen, lässt sich ablesen, dass er insbesondere der neuen amerikanischen Regierung nicht traute und sie nicht durch eine Stellungnahme zur Atombombe provozieren wollte.

Präsident Roosevelt hatte seine Sympathie für die indische Freiheitsbewegung wiederholt bekundet, und Gandhi hatte ja 1942 an ihn geschrieben und dem Verbleib amerikanischer Truppen in Indien zugestimmt. Aber Roosevelt war 1945 gestorben, und über die Haltung seines Nachfolgers Truman war noch nichts bekannt. Doch einem Mann, der den Abwurf der Atombombe befohlen hatte, war alles zuzutrauen. Der neue britische Premierminister Attlee, der Churchill nur wenige Tage vor dem Abwurf der Atombombe abgelöst hatte, flößte Gandhi ebenfalls kein Vertrauen ein. Und was Stalin anbetraf, so machte sich Gandhi keine Illusionen über diesen brutalen Diktator. Daher nannte er die Großen Drei eine Bedrohung für Indien.

Nachdem Gandhi mehrere Monate über die Atombombe geschwiegen hatte, machte er in einem Interview im November 1945 eine bezeichnende Bemerkung: «Nationen, die die Atombombe haben, werden selbst von ihren Freunden gefürchtet.» Im Januar 1946 reiste Gandhi durch Orissa und erregte sich über eine undisziplinierte Menschenmenge, die ihn im Bahnhof von Cuttack belagerte. Er schalt diese Leute und fragte sie, wie sie wohl bei solcher Disziplinlosigkeit der Atombombe begegnen würden, die den Höhepunkt brutaler Gewalt bedeute. Im Februar 1946 veröffentlichte er dann einen Aufsatz in seiner Zeitschrift *Harijan*, in dem er die Atombombe ausdrücklich im Zusammenhang mit den Großen Drei erwähnte: «Heute müsst Ihr nicht allein mit Großbritannien rechnen, sondern mit den Großen Drei. Ihr könnt sie nicht mit ihren Waffen schlagen, denn Ihr könnt die Atombombe nicht übertreffen. Wenn wir nicht eine neue Art des Kampfes gegen den Imperialismus aller Art finden anstelle der überholten alten Methode des gewaltsamen Aufstandes, dann gibt es keine Hoffnung für die unterdrückten Völker dieser Welt.»

Wenige Tage später erwähnte Gandhi die Atombombe wieder in den Spalten des *Harijan*. Diesmal schrieb er, dass Gewaltfreiheit nicht einfach nur Nichttöten bedeute, sondern auch den Verzicht auf die Zerstörung von Eigentum beinhalte. Wer Eigentum zerstört, ist auch vom Hass getrieben. Gandhi betonte: «Der letzte Krieg, dessen Feuer kaum erloschen sind, verkündet lautstark den Bankrott dieses Hasses. Es bleibt abzuwarten, ob die sogenannten Sieger wirklich gesiegt haben oder ob sie sich nicht selbst unterdrückt haben, während sie versuchten, ihre Feinde zu unterdrücken ... Gewaltfreiheit im Sinne des Nichttötens beeindruckt mich nicht ... Es bedeutet langsame Tortur, und wenn die nichts nützt, dann kehrt man schnell zum Töten zurück und zur Atombombe, die heutzutage die höchste Stufe der Gewaltanwendung bedeutet.»

Einige Gesprächspartner wollten Gandhi damals davon überzeugen, dass die Atombombe das Ende aller Kriege bedeute. Aber Gandhi glaubte ihnen nicht und schrieb: «Die Atombombe hat der Gewalt kein Ende gesetzt. Die Herzen der Menschen sind voller Gewalt, und man könnte sogar sagen, dass die Vorbereitungen für einen dritten Weltkrieg bereits begonnen haben.» In einem weiteren Kommentar schrieb er nur wenige Monate später im Juli 1946: «Die Atombombe hat die edelsten Gefühle abgetötet, die die Menschheit über die Jahrhunderte weg erhalten haben. Es gab einmal sogenannte Gesetze des Kriegs, die ihn erträglich machten. Jetzt kennen wir die nackte Wahrheit. Der Krieg kennt kein Gesetz außer dem der Macht. Die Atombombe hat den Alliierten einen leeren Sieg eingebracht, sie hat zunächst einmal die Seele Japans zerstört. Was mit der Seele der zerstörenden Nation geschehen ist, lässt sich jetzt noch nicht sagen.»

Gandhis Stellungnahmen zur Atombombe wurden nun immer deutlicher. Es scheint, dass er im Sommer 1946 keine Befürchtungen mehr hatte, dass Indien seine Freiheit nicht gewinnen könne. Die Ernennung einer Interimsregierung stand unmittelbar bevor, und nachdem Jawaharlal Nehru Premierminister geworden war, wurde Gandhi geradezu emphatisch in seiner Verurteilung der Atombombe. Ende September 1946 sagte er zu einem britischen Journalisten: «Über meine Einstellung zur Atombombe können Sie der ganzen Welt verkünden, dass ich in dieser Hinsicht nicht umzustimmen bin. Ich betrachte die Anwendung der Atombombe zur vollkommenen Vernichtung von Männern, Frauen und Kindern als die diabolischste Form der Nutzung der Wissenschaft.» Als der Journalist weiter fragte, ob damit die Gewaltfreiheit nutzlos geworden sei, antwortete Gandhi: «Nein, die Gewaltfreiheit ist das einzige, was die Atombombe nicht zerstören kann.»

Gandhis Stellungnahmen zur Atombombe zu dieser Zeit zeigten deutlich, dass er sich erleichtert fühlte, weil er nun sein selbstauferlegtes Schweigen beenden konnte. Doch bald befielen ihn wieder düstere Gedanken. In Bihar waren Hindus über Muslime hergefallen, und er meinte dazu, wenn solche Ausschreitungen um sich greifen, dann werde «Indien über kurz oder lang unter das Joch der Großen Drei gepresst werden, wobei eine der drei vielleicht als Mandatsmacht fungieren werde.» Erst als Indien unmittelbar vor der Gewährung der Unabhängigkeit stand, wurden seine Aussagen zur Atombombe wieder emphatischer, und er verkündete: «Als Amerika die Atombombe auf Japan abwarf, da war das die Gewalt der Feiglinge.» Als er zu dieser Zeit eine Ansprache an Offiziere der Armee hielt, sagte er: «Sie können sich notieren, dass die Welt den Wissenschaftler verfluchen wird, der die Atombombe gemacht hat.»

In den wenigen Monaten, die ihm noch bis zu seinem Tod verblieben, sagte er kaum noch etwas über die Atombombe. Nur wenige Tage vor seinem Tod sprach er noch einmal mit dem amerikanischen Schriftsteller Vincent Sheean über dieses Thema und sagte zu ihm: «Es heißt, die Atombombe habe das Ende des Krieges sehr viel schneller herbeigeführt. Und doch ist es noch weit entfernt. Hat die Bombe den Geist der Japaner besiegt? Nein, das hat sie nicht. Hat sie Deutschland als Nation vernichtet? Nein, das hat sie nicht, und das kann sie nicht. Um das zu erreichen, müsste man Hitlers Methoden anwenden, ... und das würde nur zu einem Triumph des Hitlerismus führen.»

Gandhi war bis an sein Lebensende davon überzeugt, dass die Gewaltfreiheit über die Atombombe siegen werde. Aber er war sich nicht so sicher, wie die Gewaltfreiheit angesichts der Atombombe organisiert werden könne. Seine Kampagnen waren immer darauf angelegt gewesen, dem Gegner offen entgegenzutreten und ihn ins Unrecht zu setzen. Der ferne Schreibtischtäter, der den Abwurf einer Atombombe befahl, war in diesem Sinne unerreichbar. Doch er sah nicht nur die konkrete Bedrohung durch die Bombe, sondern auch die technische Entwicklung, durch die sie erst ermöglicht worden war. Im Oktober 1945 schrieb er einen Brief an Nehru, erinnerte ihn an seine früheren Warnungen vor dem ungezügelten technischen Fortschritt und fügte hinzu: «Es erschreckt mich nicht, dass die Welt in die entgegengesetzte Richtung geht. Wenn die Motte auf die Flamme zufliegt, dann umkreist sie sie schneller und schneller, bis sie schließlich verbrennt. Es ist durchaus möglich, dass Indien diesem Ende des Mottenflugs auch nicht entkommt. Aber es ist meine Pflicht, bis zu meinem letzten Atemzug zu versuchen, Indien, und mit ihm die Welt, vor diesem Schicksal zu bewahren.»

3. Teilung und Tod

Während Gandhi sich mit der Atombombe auseinandersetzte und um das Schicksal Indiens bangte, wurde die politische Situation immer chaotischer. Wavell, der bei der britischen Regierung keine Unterstützung fand, entwarf endlich einen Plan, der beschrieb, wie er auf den bevorstehenden Zusammenbruch der britischen Herrschaft in Indien zu reagieren gedenke. Er hatte sozusagen einen generalstabsmäßig geplanten Rückzug der britischen Truppen aus Indien vor, und wollte das Land sich selbst überlassen. Der Plan schlug in London wie eine Bombe ein, und die Regierung beschloss, drei Kabinettsminister nach Indien zu entsenden. Was die dort tun sollten und in welchem Verhältnis der Vizekönig zu ihnen stehen sollte, wurde Wavell zunächst nicht mitgeteilt. Auch ließ es Attlee wieder einmal an einer Regierungserklärung fehlen, doch ohne eine solche Erklärung konnten die drei Minister nur unverbindliche Empfehlungen aussprechen – und das taten sie denn auch. Damit spielten sie wieder einmal Jinnah in die Hände, der sein Veto voll zur Geltung bringen konnte. Gandhi hielt sich bei diesen Verhandlungen sehr zurück. Er betrachtete sich nur als Berater und überließ die Verhandlungsführung Nehru, Patel und Azad.

Die drei Minister – an ihrer Spitze Cripps, sekundiert von Indienminister Lord Pethick-Lawrence und Marineminister Lord Alexander – arbeiteten schließlich einen Plan aus, der helfen sollte, eine völlige Teilung Britisch-Indiens zu vermeiden. Er sah Gruppen von Provinzen vor, die von einer Zentralregierung mit beschränkten Befugnissen zusammengehalten werden sollten. Das Verfahren zur Gruppenbildung der Provinzen war besonders kompliziert. Ferner schlugen die Minister die Einberufung einer verfassunggebenden Versammlung vor, die aber auf der Grundlage des bestehenden, auf rund 10 Prozent der Bevölkerung beschränkten Wahlrechts zustande kommen sollte. Gandhi hatte in dieser Zeit zwei lange Privatgespräche mit Wavell, die ihn nicht ermutigten. Er vertraute einem Freund an, dass er sich wie gelähmt fühle und von einer namenlosen Angst befallen worden sei.

Gandhi konnte seine Befürchtungen nicht deutlich erklären. Er dachte wohl, dass die komplizierten Vorschläge der drei britischen Minister dazu dienen sollten, Indien wie Gulliver mit einem Gewirr von Fäden an den Boden zu fesseln. Die besondere Rolle der europäischen Gemeinde in Kolkata beschäftigte ihn in diesem Zusammenhang. Diese Europäer waren im bengalischen Landtag überrepräsentiert, und sie konnten einen bedeutsamen Einfluss auf die Entscheidungen dieser Provinz bei der Gruppenbildung nehmen. Schließlich empfahl Gandhi dem Kongress sowohl die Gruppenbildung als auch die Einberufung einer verfassunggebenden Versammlung abzulehnen. Der Arbeitsausschuss wandte sich ebenfalls gegen die Gruppenbildung, sprach sich aber für eine Beteiligung an der verfassunggebenden Versammlung aus. Gandhi sagte dazu: «Ich gebe mich geschlagen. Ihr solltet nicht meinem unbegründeten Verdacht folgen. Ihr sollt meiner Intuition nur folgen, wenn sie Euren Verstand überzeugt.» Gandhi hatte zu jener Zeit die Angewohnheit, täglich eine Losung in sein Tagebuch einzutragen. Meist waren dies allgemeine Weisheitssprüche, aber die Losung für den 25. Juni 1946 hatte einen direkten Bezug zu den Debatten im Arbeitsausschuss: «Die Intuition ist lahm, wenn sie nicht von Vernunftgründen gestützt wird.»

Gandhi war nicht nur gegen die Gruppenbildung und die verfassunggebende Versammlung, er wollte auch die Bildung einer Interimsregierung nicht billigen, in der Kongress und Muslimliga paritätisch vertreten sein sollten. Er hatte Wavell gesagt, er solle es aufgeben, zwei Pferde zugleich reiten zu wollen. In dieser Hinsicht folgte der Kongress Gandhi und lehnte die Teilnahme an einer Interimsregierung ab. Jinnah war enttäuscht. Er hatte sich bereits vom Vizekönig das Verteidigungsministerium erbeten. Nun hoffte er, dass Wavell die Muslimliga auffordern werde, auch ohne den Kongress eine Interimsregierung zu bilden. Doch das tat Wavell nicht. Der ratlose Vizekönig befand sich nun in einer Lage, die schlimmer war als die vor der Ankunft der drei Minister, die Indien bereits wieder verlassen hatten. Er hatte immer noch keine nationale Regierung, stattdessen aber nun die undankbare Aufgabe, eine verfassunggebende Versammlung einzuberufen.

Die Rolle dieser Versammlung wurde bald zu einem neuen Gegenstand heftiger Debatten. Nehru hielt am 10. Juli eine Rede, in der er betonte, diese Versammlung sei souverän und brauche sich nicht an die Vorschläge der drei Minister zu halten. Gandhi hielt dagegen, dass die Versammlung nicht souverän sei, da sie ja von den Briten einberufen werde. Doch inzwischen war das Kind schon in den Brunnen gefallen, denn Jinnah berief sich auf Nehrus Rede, kündigte an, dass sich die Muslimliga nicht an der Versammlung beteiligen werde und die Vorschläge der Minister verwerfe, dafür aber ein unabhängiges Pakistan fordere. Im August ernannte Wavell schließlich Nehru zum Interimspremierminister. Jinnah protestierte dagegen und kündigte für den 16. August 1946 einen «Tag der direkten Aktion» an. Darunter konnte man sich kaum etwas vorstellen. Jinnah hatte sich nie außerhalb von Konferenzräumen bewegt, und man konnte sich nicht vorstellen, dass er auf die Barrikade ging. Es geschah denn auch in fast allen Teilen Indien nichts an diesem Tag. Aber in Kolkata arrangierte der bengalische Ministerpräsident Shaheed Suhrawardy ein großes Massaker. Es traf vor allem die hinduistischen Arbeiter aus Bihar, die den größten Teil der Belegschaft der Jutefabriken Kolkatas stellten. Suhrawardy hoffte, durch ihre Flucht das demographische Profil Kolkatas so zu verändern, dass die Stadt bei einer Teilung Pakistan zufallen würde. Das Morden in Kolkata breitete sich dann nach Ost-Bengalen aus. Gandhi reiste im Oktober 1946 dorthin, und Suhrawardy musste ihn unterstützen, da er seine Verantwortung für das Massaker nicht eingestehen wollte. Gandhi war von dem, was er sah, zutiefst erschüttert. Vom November 1946 bis zum Februar 1947 ging er zu Fuß durch den Bezirk Noakhali, in dem ebenfalls von Suhrawardy blutige Unruhen geschürt worden waren. Es gelang ihm schließlich auch, diesen Grenzbezirk für Pakistan zu gewinnen, aber zunächst einmal musste er Gandhis Friedensmission auch dort unterstützen. Gandhi schlug in Noakhali in vielen Orten offene Feindseligkeit entgegen. Als er anschließend Bihar besuchte, wo die Hindus sich an

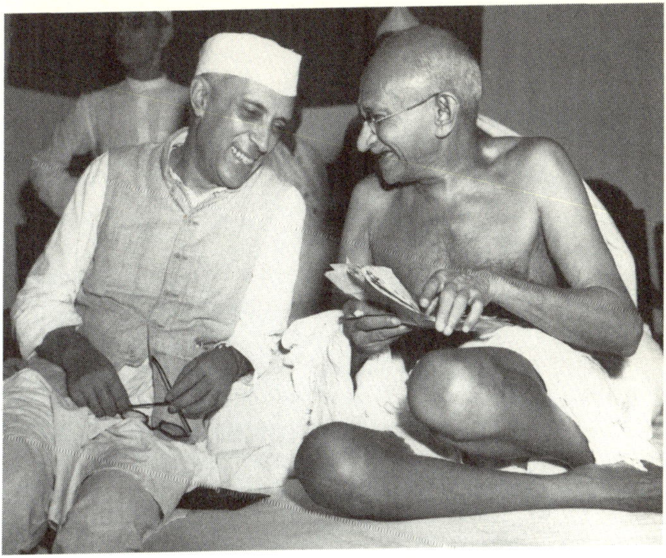

Abb. 5: Mahatma Gandhi mit Jawaharlal Nehru bei einem Treffen des All-India Congress Comittee (AICC) in Mumbai am 6. Juli 1946.

den Muslimen rächten, wurde Gandhi noch betrübter, zumal er erleben musste, dass seine alten Mitarbeiter dort Ansichten äußerten, die ihm zuwider waren. So behauptete Dr. Rajendra Prasad allen Ernstes, die Rache der Hindus an den Muslimen in Bihar habe weitere Ausschreitungen in Bengalen verhindert. In einer Massenversammlung in Patna zitierte Gandhi in seiner Rede diese Ansicht Prasads und sagte sehr deutlich, dass die, die solches behaupten, Unsinn reden und dass Indien auf diese Weise nie seine Freiheit erhalten werde.

Als Gandhi noch in Bihar war, hörte er von Unruhen im Panjab und reiste nun in diese Provinz, die bald der Schauplatz von Massenflucht und Massenmord sein sollte. Auf dem Wege dorthin traf Gandhi im März 1947 den neuen Vizekönig Lord Mountbatten, den Attlee mit größeren Vollmachten ausgestattet hatte, als sie je ein Vizekönig zuvor gehabt hatte. Auch hatte

Attlee auf Verlangen Mountbattens endlich die schon lange überfällige Regierungserklärung abgegeben, in der verkündet wurde, dass Indien im August 1948 unabhängig werden würde. Gandhi schlug Mountbatten vor, er möge doch Jinnah zum Premierminister machen, um die Einheit Indiens zu erhalten. Doch er musste ihm bald darauf berichten, dass der Kongress diesen Vorschlag nicht akzeptiere. Mountbatten arrangierte jedoch ein Treffen von Gandhi und Jinnah, in dem beide eine Gewaltverzichtserklärung unterzeichneten. Gandhi tat das natürlich gern, Jinnah dagegen nur, weil er sich Mountbatten nicht widersetzen wollte. Die gewalttätigen Ausschreitungen nahmen dennoch zu.

Mountbatten ging nun daran, Indien zu teilen, solange noch etwas übrig blieb, was sich zu teilen lohnte. Er eilte nach London, um den Segen der Regierung für seine Teilungspläne zu bekommen, und vergaß auch nicht, sich von Churchill einen Brief an Jinnah mitgeben zu lassen, in dem dieser Jinnah mitteilte, dass er tun müsse, was Mountbatten anordne, da er sonst nicht mehr mit einer Unterstützung durch die Konservative Partei rechnen könne. Schwieriger war es für Mountbatten, auch Gandhi auf seine Seite zu bringen, der die Teilung als «Vivisektion Indiens» und Pakistan als «Sünde» bezeichnet hatte.

Gandhi hielt zu dieser Zeit in Delhi Gebetsversammlungen ab, die auch vom Rundfunk übertragen wurden. Die kurzen Ansprachen, die Gandhi dabei hielt, hatten eine große Wirkung. Als Mountbatten hörte, dass Gandhi am nächsten Tag, dem 6. Juni 1947, seinen Teilungsplan kommentieren werde, arrangierte er rasch noch ein Gespräch mit Gandhi und nahm ihn geradezu im Sturm. Er sagte zu ihm, dass der Mountbatten-Plan eigentlich Gandhi-Plan genannt werden solle, denn er habe alles getan, was Gandhi von ihm verlangt habe. Gandhi habe verlangt, dass die Briten Indien noch vor Jahresende verlassen würden. Mountbatten sagte, es sei nicht leicht gewesen, das durchzusetzen, aber er habe das Datum der Entlassung Indiens um ein Jahr vorverlegt und die britische Regierung habe das akzeptiert. Gandhi habe auch gefordert, dass eine Lösung gefunden werden solle, die von allen Parteien gebilligt werde; auch das sei erreicht worden. Schließlich habe Gandhi zugestimmt, dass

Indien als Dominion die Unabhängigkeit erhielte, so müsse er dem auch jetzt zustimmen.

Am nächsten Tag konnte Mountbatten mit Erleichterung feststellen, dass Gandhi in der Gebetsversammlung eine sehr milde Rede hielt und dem Vizekönig sein volles Vertrauen aussprach. Er fügte hinzu, dass er die bevorstehende Teilung bedauere, aber dass er sie nun akzeptiere und die Muslimliga um Frieden und Freundschaft bitte, da sie nun ihr Ziel erreicht habe. Gandhi wurde dafür mit Kritik überhäuft. Man warf ihm vor, dass er seine Meinung völlig geändert habe, und hielt ihn geradezu für einen Verräter. Er hätte Delhi gern verlassen, aber die Kongressführung bat ihn, doch noch an der AICC-Sitzung teilzunehmen und dort seine Billigung des Mountbatten-Plans zu bestätigen. Er tat dies, doch mahnte er in seiner Rede, dass das verbleibende Indien nicht als Hindu-Indien betrachtet werden solle, denn damit bestätige man nur die Zwei-Nationen-Theorie Jinnahs. Bald bemerkte Gandhi mit Schrecken, dass bei der Verabschiedung des Gesetzes über die Unabhängigkeit Indiens im britischen Parlament von zwei Nationen die Rede war. Er ermahnte dann den Vizekönig, stets von zwei Staaten und nicht von zwei Nationen zu sprechen. Gandhi war zutiefst beunruhigt, als er erfuhr, dass auch die Armee geteilt werden müsse, und prophezeite, dass die beiden Armeen dann Krieg gegeneinander führen würden, statt für die gemeinsame Verteidigung zur Verfügung zu stehen. Dass Gandhi überhaupt nicht an die Teilung der Armee gedacht hatte, zeigte einmal wieder, wie wenig er sich in staatsrechtlichen Fragen auskannte – wie bereits beim Abbruch der Gespräche mit Jinnah im September 1944 deutlich geworden war.

Mit der Unabhängigkeit erlosch auch die britische Oberherrschaft über die indischen Fürstenstaaten. Die Teilung hatte sich nur auf Britisch-Indien bezogen. Der große Fürstenstaat Jammu und Kaschmir, dessen Bevölkerung mehrheitlich muslimisch war, der aber von einem hinduistischen Maharaja regiert wurde, musste zu einem Zankapfel zwischen Indien und Pakistan werden. Gandhi besuchte den Maharaja in Kaschmir, der ihm versprach, nichts gegen den Willen der Mehrheit seiner Bevölkerung zu tun. Gandhi berichtete Patel darüber, der nun der Innenminister Indiens war, und bat ihn, die Angelegenheit weiter zu verfolgen. Patel wäre diesen Fürstenstaat wegen seiner muslimischen Mehrheit wohl lieber los geworden. Nach der Teilung betrachteten viele Hindus die in Indien verbliebenen Muslime als fünfte Kolonne Pakistans. Patel sah das auch so, hütete sich aber, es offen auszusprechen. Gandhi sah es anders. Für ihn war Pakistan das Produkt einer Sezession, die aber keine weiteren Sezessionen oder gar eine Vertreibung der indischen Muslime rechtfertige. Die Muslime sollten sich in Indien heimisch fühlen. Mit diesem Ziel setzte Gandhi seine Friedensmission fort.

Sein erster Besuch galt Kolkata, wo nun eine Kongressregierung im Amt war, aber Shaheed Suhrawardy noch immer großen Einfluss unter den Muslimen hatte. Gandhi arbeitete mit ihm zusammen, um den Frieden herzustellen. Suhrawardy gestand nun offen ein, dass er für das Massaker vom August 1946 verantwortlich war, und zeigte Reue dafür. Das beruhigte die Stimmung in der Stadt etwas, doch Gandhi wäre beinahe von jungen Hindus getötet worden, die einen muslimischen Stadtteil angriffen, in dem er gerade wohnte. Gandhi fastete schließlich und zähmte so die Hindus. Nachdem es in Kolkata einigermaßen ruhig war, eilte Gandhi im September 1947 in den Panjab, wo noch größere Unruhen ausgebrochen waren. Aber er kam nur bis Delhi, wo ihn die Regierung dringend zum Bleiben aufforderte, weil seine Hilfe dort ganz besonders gebraucht wurde. Hinduistische Flüchtlinge aus dem Panjab hatten die Hauptstadt geradezu überschwemmt und drohten, sich an den dortigen Muslimen zu rächen. Gandhi schlug in diesen Tagen in seinen Gebetsversammlungen offene Feindseligkeit entgegen, wenn er – wie er es immer tat – auch Verse aus dem Koran und aus der Bibel vorlas. Aufgebrachte Hindus sagten beim Erklingen der Koranverse, dass ihre Angehörigen von Menschen getötet worden seien, die diese Verse auf ihren Lippen gehabt hätten. Oft musste Gandhi Gebetsversammlungen aus diesem Grund abbrechen. Diese Störungen waren Vorboten seines Todes, der nicht mehr lange auf sich warten ließ. Er dachte jetzt oft an den Tod und fragte sich, ob er ihm tapfer ins Auge sehen werde oder wie ein Feigling wegrennen werde, wenn sein Mörder ihm entgegentrat.

Der Tod ereilte Gandhi im Zusammenhang mit dem Kaschmirproblem. Gandhi hatte den Einsatz der indischen Armee in Kaschmir gebilligt, nicht aber die Anrufung der Vereinten Nationen, von denen er sich nichts versprach. Doch er bestand darauf, dass die 550 Millionen Rupien, die Pakistan als Anteil an der Staatskasse Britisch-Indiens zustanden, umgehend überwiesen werden sollten. Patel widersetzte sich der Zahlung, da Indien und Pakistan sich schon im Krieg befanden und man nicht unnötig die Kriegskasse des Gegners auffüllen sollte. Gandhi fastete, um die Zahlung durchzusetzen. Patel gab nach, und Pakistan erhielt seinen Anteil. Fanatische junge Hindus bezichtigten Gandhi des Hochverrats und versuchten mehrmals, ihn zu töten. Bombenanschläge misslangen, nur ein direktes Attentat schien erfolgversprechend. Schließlich trat Nathuram Godse Gandhi auf einer Gebetsversammlung am 30. Januar 1948 entgegen und feuerte aus nächster Nähe drei Schüsse auf ihn ab. Gandhi starb mit den Worten «He Ram» (Anrufung Gottes) auf den Lippen – aufrecht und furchtlos, wie er es sich gewünscht hatte.

VIII. Das ausgeschlagene Erbe

«Das Licht ist aus unserem Leben gegangen», sagte Jawaharlal Nehru, als er der indischen Nation die Nachricht vom Tode Gandhis verkündete. Doch obwohl Nehru um den Mahatma trauerte, schlug er doch sein Erbe zum größten Teil aus. Nehrus Vision von der Zukunft war durch die Industrielle Revolution geprägt, deren Errungenschaften so rasch wie möglich auf Indien übertragen werden sollten, nachdem es unter der Kolonialherrschaft so lange rückständig geblieben war. Gandhis Botschaft von der Entwicklung von unten, die in den Dörfern beginnen sollte, wurde völlig vergessen und stattdessen eine planvolle Entwicklung von oben in Gang gesetzt, die in der Schwerindustrie ihren wichtigsten Ansatzpunkt fand. Die Landwirtschaft erschien Nehru als ein völlig ungeeignetes Objekt für seine Bemühungen um eine rasche Wirtschaftsentwicklung, denn sie war in den Händen von Millionen von Kleinbauern, die für staatliche Maßnahmen kaum erreichbar waren. Wenn die Industrie voranpreschte, würde schließlich auch die Landwirtschaft in den Sog der Modernisierung geraten. Das hörte sich sehr realistisch an, während Gandhis Ideen als utopisch abgetan werden konnten.

In Verfolgung seiner Pläne nutzte Nehru das Interventionsinstrumentarium, das die Briten in Indien im Rahmen der Kriegswirtschaft aufgebaut hatten und ohne das seine planwirtschaftlichen Ambitionen unerreichbar gewesen wären. Das Regime staatlicher Kontrollen wäre Gandhi zuwider gewesen. Wie bereits gesagt, hielt er nicht viel von wirtschaftswissenschaftlichen Theorien, aber er hatte sich im Laufe der Zeit sehr viel praktische Kenntnisse angeeignet und war geradezu ein «Wirtschaftsliberaler» geworden. Das kam in den letzten Monaten seines Lebens zum Ausdruck, als er sogar eine Kampagne gegen solche Kontrollen begann und den Abbau der im Krieg eingeführten Zwangsbewirtschaftung forderte. Er argumentierte, dass solche Kontrollen nur den Schwarzmarkt begünstigten, und übte moralischen Druck auf den Ernährungsminister Dr. Rajendra Prasad aus, damit er den Markt auf diesem Gebiet von Kontrollen befreie. Es hieß, dass das zu Chaos und Preisanstieg führen würde. Aber als der Markt freigegeben wurde, sanken die Preise, wie Gandhi vorausgesagt hatte. Er veröffentlichte die entsprechenden Preisstatistiken triumphierend in seiner Zeitschrift *Harijan*. Wäre er am Leben geblieben, so hätte er sich wohl als Kritiker des planwirtschaftlichen Regimes erwiesen. Doch auch in dieser Hinsicht wurde sein Erbe ausgeschlagen.

Ein anderes Gebiet, auf dem Gandhi umfassende Änderungen herbeigeführt hätte, wäre das bestehende politische System gewesen. Kurz vor seinem Tod skizzierte er einen Plan, der später als sein «Politisches Testament» bezeichnet wurde. Darin schrieb er, dass der Kongress sich nun entweder auflösen oder in einen sozialen Volksdienstbund (Lok Sevak Sangh) umwandeln solle, der den politischen Parteien keine Konkurrenz machen werde. Für ihn war der Kongress immer ein nationales Forum und keine Partei gewesen. Die Aufgaben, die der Kongress im Freiheitskampf hatte, waren aber nun erfüllt, und die politische Willensbildung sollte in normalen Parteien ihren Ausdruck finden. Der Kongress dachte natürlich gar nicht daran, sich aufzulösen, sondern wurde zur staatstragenden und staatsgetragenen Partei. Der mächtige Innenminister Patel säuberte den Kongress, indem er die Sozialisten aus ihm vertrieb, und machte ihn zu einer konservativen Partei der Mitte. Patel hatte auch entscheidenden Einfluss auf die verfassunggebende Versammlung, die drei Jahre brauchte, um eine Verfassung hervorzubringen, die dem Government of India Act von 1935 sehr ähnlich sah. Das war auch kein Wunder, denn die Regierung arbeitete im Rahmen der bestehenden Verfassung, und wann immer einzelne Ministerien über ihre Meinung zu den Entwürfen der verfassunggebenden Versammlung befragt wurden, plädierten sie dafür, dass alles so bleiben solle, wie es ist. Die indische Verfassung zementierte auch die Vormacht der von den Briten übernommenen Bürokratie, die Patel ganz besonders verteidigte. Kritiker forderte er heraus, doch eine «Gandhi-Verfassung» vorzulegen, wenn sie dazu imstande seien. Die alten Gandhianer in der Versammlung standen solchen Herausforderungen hilflos gegenüber. Es gelang ihnen noch nicht einmal, die Abschaffung der Salzsteuer in der Verfassung zu verankern. Sogar Dr. Rajendra Prasad hatte sich dafür eingesetzt, doch diesmal war es Nehru, der dagegen sprach und meinte, dass es unnötig sei, dergleichen in der Verfassung festzuschreiben.

Gandhis Ideen von einer Entwicklung von unten wurden in der verfassunggebenden Versammlung nicht einmal diskutiert. Nehrus Vorstellungen wurden von allen übernommen. Er sah in der Entwicklung von oben im Rahmen eines modernen säkularen Staats die einzige Möglichkeit zur Modernisierung Indiens. Dieser Staat war für ihn eine moralische Anstalt, eine Schule der Nation. Gandhi hätte das für eine Illusion gehalten. Der Staat konnte nicht besser sein als seine Bürger, die Entwicklung von oben konnte nie das erreichen, was die Entwicklung von unten erbracht hätte. Die Gebietskörperschaften unterhalb der nun zu Landesregierungen gewordenen Provinzregierungen blieben auch im unabhängigen Indien chronisch unterfinanziert, so wie sie es schon unter britischer Herrschaft gewesen waren.

Auch die Volksbildung, die Gandhi sehr am Herzen lag, wurde im unabhängigen Indien stiefmütterlich behandelt. Gandhi glaubte nicht an die britische Theorie, dass man nur höhere Bildungsanstalten zu unterstützen brauche, dann werde die Bildung von selbst von oben nach unten durchdringen («trickle down»). Stattdessen hatte er sich um die Gestaltung praktischer Dorferziehungsprogramme bemüht. Im Übrigen meinte er, der Staat solle sich ganz aus der Finanzierung der Bildungsinstitutionen zurückziehen. Der freie Markt würde schon dafür sorgen, dass praktische Bildung von denen, die darauf angewiesen seien, selbst getragen werde. Die Bildungsinstitutionen, die er selbst oder seine Gefolgsleute schufen, konnten sich jedoch nicht durchsetzen, da sie keine staatlichen Zeugnisse vergeben konnten.

Wie mehrfach erwähnt wurde, war Gandhi auch gegen Englisch als Unterrichts- und nationale Verkehrssprache. Er setzte sich für den Unterricht in der Muttersprache ein. Als nationale Verkehrssprache favorisierte er das volkstümliche Hindustani, eine Mischung aus Hindi und Urdu. Diese Sprache konnte sowohl in der indischen Devanagari-Schrift als auch in der in Nordindien weit verbreiteten persischen Nastaliq-Schrift geschrieben werden. Gandhi erlernte auch die Nastaliq-Schrift und meinte, Hindustani könne von Hindus und Muslimen gleichermaßen verstanden werden. Er war gegen die reichliche Übernahme von Lehnwörtern aus dem Sanskrit in das Hindi, die zu künstlichen Wortschöpfungen führte, die oft nur von den Lexikographen verstanden wurden, die sie hervorgebracht hatten. Doch im unabhängigen Indien setzten sich die Lexikographen durch – auch hier wurde Gandhis Erbe ausgeschlagen.

Ein Gebiet, auf dem es auf den ersten Blick erscheinen mag, als sei Gandhis Erbe gewahrt worden, war die Förderung der Unberührbaren. Es ist ohne Zweifel ein Fortschritt, dass diese Förderung in der Verfassung verankert worden ist und dass das Praktizieren der Unberührbarkeit strafrechtlich verfolgt werden kann. Gandhi war auch dafür, dass die Unberührbaren durch Stipendien gefördert werden sollten, aber er wandte sich dagegen, dass für sie Stellen im Staatsdienst reserviert werden sollten. Doch auch hier setzte sich das Prinzip der Entwicklung von oben mit all seinen Begleiterscheinungen durch. Die Reservierung von Stellen führte letztlich dazu, dass eine Bildungsschicht der Unberührbaren von der indischen Ober- und Mittelklasse kooptiert wurde, während die große Masse der ärmeren Unberührbaren wenig davon hatte.

Indiens Entschluss, Atommacht zu werden, hat noch einen weiteren Aspekt zur Betrachtung seines ausgeschlagenen Erbes hinzugefügt. Wie wir gesehen haben, hatte sich Gandhi intensiv mit der Atombombe beschäftigt, die er als fundamentale Herausforderung empfand. Nach anfänglichem Schweigen aus verantwortungsethischen Gründen in Anbetracht der damaligen weltpolitischen Situation hatte er sie mit harten Worten verurteilt. Er hätte offensichtlich nie gewollt, dass Indien zur Atommacht wird. Die Konsequenzen, die sich daraus ergeben, nämlich die Verwandlung des Staats in einen Sicherheits- und Überwachungsstaat, hätte er wohl als Erster gesehen und vor ihnen gewarnt.

Schließlich ist das Ausschlagen des Erbes Gandhis noch in einem allgemeineren Sinne zu verzeichnen. Es geht um die weit verbreitete Unsitte des Lippenbekenntnisses. Gerade Gandhi ist als «Vater der Nation» zum Gegenstand eines solchen Lippenbekenntnisses geworden. Dabei war er entschieden gegen alle inhaltslosen Bekundungen. Nehru erinnerte sich einmal daran, dass der Nationalkongress, ehe Gandhi seine Führung übernahm, allerlei wohlklingende Resolutionen verabschiedete, die zum reinen Selbstzweck wurden. Gandhi aber brachte den Kongressmitgliedern bei, dass Resolutionen nur erwiesene Tatsachen und klar definierte Forderungen enthalten sollten und außerdem deutlich machen müssten, was man zu ihrer Umsetzung zu tun gedenke. Resolutionen, die diesen Anforderungen nicht entsprachen, waren nicht nur unnütz, sondern brachten letztlich auch den, der sie entworfen und verabschiedet hatte, in Misskredit.

Das Ausschlagen von Gandhis Erbe durch die Generation, die auf ihn folgte, muss noch nicht bedeuten, dass es für alle Zeit vergessen ist. Oft besinnen sich erst spätere Generationen auf ein solches Erbe. Gandhi war kein Theoretiker. Seine «Experimente mit der Wahrheit» lassen sich so, wie er sie unternommen hat, nicht wiederholen. Nur die Art, wie er an die Dinge heranging, nicht die Problemlösungen, die seiner Zeit entsprachen, lassen sich als sein Erbe bezeichnen. In diesem Zusammenhang ist eine Antwort, die Gandhi einmal einem wissbegierigen Journalisten gab, sehr bedeutsam. Der Journalist wollte wissen, welche Lösung Gandhi für ein demnächst anstehendes Problem habe. Gandhi antwortete ihm, dass er die Antwort auf diese Frage erst im rechten Moment finden werde – und keine Minute früher.

Literaturhinweise

Aziz, K. K., *Rahmat Ali. A Biography*, Stuttgart 1987

Birla, G. D., *In the Shadow of the Mahatma*, Bombay 1953

Bondurant, J. V., *Conquest of Violence. The Gandhian Philosophy of Conflict*, Princeton 1988 (2. Aufl.)

Bose, S. C., *Crossroads*, Calcutta 1962

Brown, J., *Gandhi, Prisoner of Hope*, New Haven 1989

Dharma Vir, *Gandhi Bibliography*, Chandigarh 1967

Erikson, E. H., *Gandhis Wahrheit. Über die Ursprünge der militanten Gewaltlosigkeit*, Frankfurt 1971

Fischer, L., *The Life of Mahatma Gandhi*, New York 1950

Gandhi, M. K., *Collected Works*, 90 Bde., New Delhi 1958–1984

–, *Eine Autobiographie oder Die Geschichte meiner Experimente mit der Wahrheit* (hg. v. B. Schorr), Berlin 1982

Iyer, R. N., *The Moral and Poltical Thought of Mahatma Gandhi*, New York 1973

–, (ed.), *The Moral and Political Writings of Mahatma Gandhi*, 3 Bde., Oxford 1986–87

Kulke, H. und D. Rothermund, *Geschichte Indiens*, München 1998

Kumar, R. (ed.), *Essays on Gandhian Politics. The Rowlatt Satyagraha of 1919*, London 1971

Mansergh, N., *The Transfer of Power in India, Vol. I: The Cripps Mission*, London 1970; *Vol. II: Quit India*, London 1971; *Vol. III: Reassertion of Authority;* London 1971, *Vol. IV: The Bengal Famine and the New Viceroyalty*, London 1973; *Vol. V: The Simla Conference*, London 1973, *Vol. VI: The Post-War Phase*, London 1976; *Vol. VII: The Cabinet Mission, London 1977; Vol. VIII: The Interim Government*, London 1979

Marcovits, C., *Indian Business and Nationalist Politics, 1931–39, The Indigenous Capitalist Class and the Rise of the Congress Party*, Cambridge 1985

Mehta, S., *The Peasantry and Nationalism. A Study of the Bardoli Satyagraha*, New Delhi 1984

Moore, R., *Churchill, Cripps and India, 1939–1945*, Oxford 1979

–, *Escape from Empire. The Attlee Government and the Indian Problem*, Oxford 1983

Nanda, B. R., *Mahatma Gandhi. A Biography*, London 1958

–, *Gandhi, Pan-Islamism, Imperialism and Nationalism*, Bombay 1989

Panter-Brick, S., *Gandhi contre Machiavel*, Paris 1963

Pyarelal, N., *Mahatma Gandhi. The Last Phase*, 2 Bde., Ahmedabad 1956/58
Rothermund, D., *Die politische Willensbildung in Indien, 1900–1960*, Wiesbaden 1965
–, *Government, Landlord and Peasant in India. Agrarian Relations under British Rule, 1865–1935*, Wiesbaden 1978
–, *India in the Great Depression, 1929–1939*, New Delhi 1992
–, *Mahatma Gandhi. Eine politische Biographie*, München 1998
–, *Delhi, 15. August 1947. Das Ende kolonialer Herrschaft*, München 1998
–, *Geschichte Indiens. Vom Mittelalter bis zur Gegenwart*, München 2002
Rothermund, I., *The Philosophy of Restraint. Mahatma Gandhi's Strategy and Indian Politics*, Bombay 1963
Sitaramayya, P. B., *History of the Indian National Congress*, 2 Bde., Bombay 1947
Tendulkar, D. G., *Mahatma: The Life of M. K. Gandhi*, 8 Bde., Delhi 1960 (2. Aufl.)
Voigt, J., *Indien im Zweiten Weltkrieg*, Stuttgart 1978
Weber, M., *Politik als Beruf*, Berlin 1982 (7. Aufl.)
Wolpert, S., *Jinnah of Pakistan*, New York 1984

Zeittafel

2.10.1869	Geburt in Porbandar, Gujarat
1888–91	Jurastudium in London
1891–93	Rechtsanwalt in Mumbai (Bombay)
1893	Entsendung nach Südafrika (Durban, Natal) als Anwalt eines muslimischen Kaufmanns
1894	Gandhi gründet den Natal Indian Congress
1896	«Green Pamphlet»(Bericht über die Lage der indischen Minderheit in Südafrika) in Indien veröffentlicht
1896	Gandhi holt seine Frau Kasturba und seine Söhne Harilal und Manilal nach Südafrika, wird dort fast gelyncht
1899–1902	Burenkrieg, Gandhi organisierte indische Sanitätertruppe
1903	Umzug von Durban nach Johannesburg
1903	Gründung der Zeitung *Indian Opinion*
1904	Gandhi liest Ruskins *Unto this last*, «Phoenix Farm»
1906	Zulu-Aufstand, Gandhi als Sanitäter, Keuschheitsgelübde
1907–08	«Satyagraha», Widerstand gegen Registration der Inder
1909	*Hind Swaraj*, Gandhis politisches Manifest
1912	Gokhale in Südafrika
1913	Gandhis letzte Kampagne in Südafrika, Gefängnisaufenthalt
1915	Rückkehr nach Indien, Sabarmati-Ashram bei Ahmedabad
1916	Rede in Varanasi (Benares),
1917	Kampagne in Champaran, Bihar, Textilarbeiterstreik in Ahmedabad
1918	Steuerverweigerungskampagne im Bezirk Kaira, Gujarat
1919	«Rowlatt Satyagraha», Protest gegen Notstandsgesetz
1920–21	Nichtzusammenarbeitskampagne, Khilafat-Kampagne
1922	Gandhi bricht Kampagne ab, Zuchthausstrafe (6 Jahre)
1924	Gandhi nach Operation vorzeitig entlassen, Kongresspräsident
1930	Kampagne des bürgerlichen Ungehorsam beginnt mit Salzmarsch
1931	Wirtschaftskrise, Bauernunruhen, Gandhis Pakt mit dem Vizekönig und Besuch der Konferenz am Runden Tisch in London
1932	Gandhi im Gefängnis, Fasten gegen separate Wählerschaften für Unberührbare, Gandhi-Ambedkar-Pakt
1934	Gandhi gibt Kongressmitgliedschaft auf
1936–37	Kongress gewinnt Wahlen und bildet Regierungen in 7 Provinzen

1939–40	Subhas Chandra Bose, gegen den Willen Gandhis zum zweiten Mal zum Kongresspräsidenten gewählt, wird von ihm gestürzt
1940	Kampagne des «individuellen Satyagraha» gegen Krieg
1942	«Quit India»-Resolution, Gandhi verhaftet
1944	Gandhi vorzeitig entlassen, führt Gespräche mit Jinnah
1946	Einsatz in Bengalen, Schweigen zum Abwurf der Atombombe
1947	Zustimmung zur Teilung Indiens, Besuch in Kaschmir
30.1.1948	Gandhi wird von Nathuram Godse erschossen

Register

Der Name Mahatma Gandhis wurde nicht in das Register aufgenommen.